다음 세대를 생각하는
인문교양 시리즈

아우름 06

내가
행복한 곳으로 가라

운명의 지도를 바꾸는 힘,
지리적 상상력

김이재 지음

샘터

일러두기

1. 본문 중에 삽입된 QR 코드를 스마트폰으로 스캔하면 다양한 장소를 담은 사진과 동영상을 볼 수
   있습니다. 이미지로 떠나는 세계 여행을 통해 지리적 상상력을 펼쳐 보시기 바랍니다.

QR 코드 사용법

① 안드로이드 스마트폰은 '플레이스토어'에서 아이폰은 '앱스토어'에서 'QR 코드'를 검색 후 QR 코
   드 어플리케이션을 다운받아 설치하세요.
② 설치가 끝나면 해당 어플을 실행한 후 카메라 화면을 QR 코드에 대면 자동 인식됩니다.
③ 화면에 뜨는 동영상의 플레이 버튼을 누르거나 웹페이지 상의 사진을 감상하세요.

2. 이 책은 지리적 상상력을 발휘해 어려움을 극복하고 세상에 나비 효과를 퍼뜨리는 다양한 인물들
   을 소개하고 있습니다. 그 인물들에 대해 더 알고 싶거나 다른 각도에서 접근해 보기를 원하는 독
   자를 위해 책 말미에 부록으로 본서에 소개된 책, 함께 읽으면 좋은 책의 목록을 실었습니다.

만 권을 독파하고 가슴에 만감을 품고
만 리의 길을 간 다음에 붓을 들라

중국 청나라의 미술 교과서인 《개자원화보(芥子園畵譜)》서문

세계지도를 다시 보고 싶어진다면

세상에는 바꿀 수 있는 것과 바꿀 수 없는 것이 있습니다. 부모님, 성별, 유전자, 고향 등은 태어나면서 주어지는 운명적인 것입니다. 하지만 내가 주체적으로 선택하여 바꿀 수 있는 것도 많습니다. 애인, 배우자, 전공, 직업, 종교까지……. 특히 요즘 같은 세계화 시대에는 국적조차도 더 이상 숙명이 아닙니다. 군이 국적을 바꾸지 않더라도 얼마든지 나의 주 생활 무대를 선택하고 죽어서 장례식을 치를 곳을 결정할 수 있습니다.

비록 한국이 인구밀도가 높고 경쟁이 심해 삶이 팍팍한 국가이기는 하지만 세계로 진출하여 꿈을 펼치고 싶은 사람들에게는 참 좋은 나라입니다. 전 세계 대부분의 나라를 비자 없이 방문할 수 있으니까요. 만일 여러분이 아프리카의 빈곤한 국가에 태어났다면 외국으로 진출하는 꿈을 꾸기는커녕 외국의 원조에 의존하여 생명을 유지하는 데 집중해야 했을지도 모릅니다. 여러분이 한 끗 차이로 북한의 평범한 가정에서 태어났다면, 아마 북한을 벗어나 자유롭게 여행하기 힘들지 않았을까요?

저의 현재 직업은 지리학자이자 대학교수입니다. 비록 대학교수는 주로 연구실과 강의실을 오가는 좀 따분해 보이는 직업이지만, 제 전공이 문화지리학이기에 전 세계를 여행하고 오지를 답사하는 기회를 가질 수 있었습니다. 다양한 장소를 탐색한 후 내가 좋아하는 곳을 선택하여 일하는 자유를 누릴 수 있다는 점에서 지리학자라는 직업은 특별한 매력이 있습니다.

행복 밀집 지역인 동남아 각지를 여행하며 맛있는 음식 먹고 다정한 동남아 사람들을 만나면서 행복한 추억을 많이 만들 수 있었고 해외 지역전문가로 사회적 인정도 받게 되었습니다. 교육방송에서 세계지리 수능 강의도 하고 TV 여행 다큐멘터리 프로그램에 출연해 저의 지식과 경험을 나누기도 했습니다.

하지만 제가 처음부터 지리학을 좋아했던 것은 아닙니다. 수능을 망쳐 2지망으로 지리교육과에 진학했는데, 자존심이 많이 상해서 빨리 다른 분야로 도망가고 싶었습니다. 대학 졸업 후 저의 첫 직장은 대기업의 미주 수출 팀이었는데 적성에 맞지 않아 너무 힘들었습니다. 아마 계속 다녔으면 스트레스로 과로사 했을 것이 분명하기에 중간에 그만둔 것을 조금도 후회하지 않습니다.

이후에도 여러 나라에서 다양한 직업의 세계에 도전했고, 시행착오와 실패도 많이 경험했습니다. 외국계 회사, 방송사, 학교, 대학, 연구소를 전전하며 쓴맛 단맛을 다 보았습니다. 세계에서 유리천장이 가장 단단한 나라라는 한국에서 워킹맘으로 살며 눈물도 많이 흘렸고(유리천장이란 '눈에 보이지는 않지만 결코 깨뜨릴 수 없는 장벽'이라는 뜻으로, 능력과 자격이 있음에도 여성이거나 소수민족 출신이라는 이유로 특히 고위직 승진이 차단되는 상황을 비유합니다) 영국에서는 세련되지만 치사한 인종차별도 겪어 보았습니다. 하지만 성공의 정의가 '자신이 좋아하는 일을 좋은 조건에서 하는 것'이라면, 저는 지금 그런대로 성공한 사람인지도 모르겠습니다.

어른들은 말합니다. "네 꿈이 뭐니? 나중에 성공하려면 지금 너에게 주어진 공부를 열심히 해야 한다."

하지만 한국의 어른들 중에 자신의 진짜 꿈을 찾고 자신이 정말 좋아하는 일을 하며 사는 사람은 매우 드문 것 같습니다. 또한 어른이 된 후에라도 내가 좋아하는 일, 나를 가슴 뛰게 하는 일이 중간에 바뀔 수 있는 것 아닐까요? 마흔이 되는 해에 저는 제 이름을 바꾸었습니다. 40년 동안은 부모님과 선생님, 국가와 사회가 원하는 인재가 되기 위해 최선을 다해 노력해 왔지만, '이'제는 정말 내가 하고 싶은 일을 '재'미있게 하며 살고 싶다는 간절함이 있었기 때문입니다. 현재의 직업이 만족스럽기는 하지만, 여전히 모든 변화의 가능성을 열어 놓고 살고자 합니다.

　'삼포세대'니 '칠포세대'니…… 고도성장을 멈춘 한국 사회는 젊은이들에게 꿈과 희망을 주기는커녕 열정페이(무급 또는 최저시급에도 미치지 못하는 아주 적은 월급을 주면서 청년들의 노동력을 착취하는 행태를 비꼬는 신조어)만 강요하는 가혹한 세상일지 모르겠습니다. 공부를 열심히 해서 명문대를 나온다고 해도 더 이상 일자리가 보장되지 않는 불안한 시대입니다. 그나마 초등학교 교사로 취업할 확률이 높은 교대 학생들조차 여유 없는 팍팍한 삶을 살고 있고, 고등학교 때 공부를 아주 잘했던 서울대 학생들마저 취업이 힘든 세상입니다.
　세계에서 가장 낮은 출산율, 계속 높아지는 자살률, 불행한 어린이들, 계속 벌어지는 빈부 격차는 암울한 한국 사회의 미래를 예고하는 것 같습니다. 학교에서 선생님이 시키는 공부만 하고 부모님 기대에 맞춰 줄 세우기 경쟁에서 이긴다 한들 여러분이 행복하고 성공적인 삶을 살 확률은 그리 높아 보이지 않습니다. 그만큼 변화의 속도가 빠른 시대이기에, 경쟁력을 확보하려면 역설적으로 경쟁하지 말아야 합니다. 나만의 특별한 개성으로 무장하고 작더라도 내가 주인공인 나의 세계를 만들어 가야 겨우 생존이 가능한 시대입니다.

저에게는 여러분 또래의 아들이 있습니다. 저는 진심으로 그가 행복하고 성공적인 삶을 살기를 원하기에 그에게 가능한 많은 탐색의 기회를 선물하고자 했습니다. 10대의 아들과 함께 한국의 강화도를 비롯해 동남아의 정글과 소수민족 마을, 영국의 축구장과 미술관 등 다양한 국가와 지역, 공간과 장소를 여행하면서 행복한 삶의 조건에 대해 많은 이야기를 나누었습니다. 그와 함께 다양한 체험을 하고 성공한 사람들의 삶을 분석하면서 꿈을 이루기 위해서는 열심히 노력하는 것도 중요하지만 공간적 의사 결정을 잘해야 한다는 점을 발견했습니다. 특히 희망을 찾기 힘든 절망적 상황에서 운명의 지도를 바꾸려면 지리적 상상력이 필수라는 것을 깨닫게 되었습니다.

글로벌한 현대 사회에서는 자본의 흐름에 따라 자유롭게 이동하는 부유한 사업가뿐 아니라 가난한 예술가들도 자신에게 영감을 주고 작품이 잘 떠오르는 장소를 찾아다니는 경우가 많습니다. 이들에게 국적보다 중요한 것은 실제 일하고 생활한 국가, 그리고 사랑을 나누고 행복했던 추억의 공간입니다. 비록 제 생물학적 나이는 중년이지만, 저는 지금도 여전히 세계를 여행하며 새로운 분야에 도전하고 진짜 제가 원하는 것을 열심히 찾는 중입니다. 그래서 제가 하는 생각과 고민은 청소년 여러분과 그리 다르지 않을 것 같습니다. 또한 꿈을 이루고 돈을 많이 벌고 성공하는 것도 중요하지만, 저는 여러분이 무엇보다 지금 이 순간 매일매일 행복했으면 좋겠습니다. 자신도 글로벌 여행자의 삶을 살고 있는 김영하 작가는 우리 모두 행복을 느끼는 '감성 근육'을 열심히 길러야 한다는 표현을 쓰더군요. 저는 지리학자로서 여러분에게 '지리적 상상력'이라는, 운명의 지도를 바꾸는 강력한 마법을 선물하고 싶습니다.

자, 이제 지리적 상상력을 기르는 여행을 시작할 준비가 되었나요? 여행을 마치고 나면 여러분은 전혀 다른 사람이 되어 있을 것입니다. 지리적 상상력을 발휘하면, 지금 여기의 삶을 당장 바꿀 수 있으니까요.

2015년 11월 나비 효과를 꿈꾸며

김이재

| 차 례 |

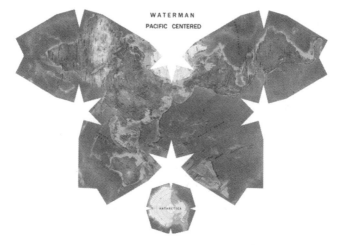

WATERMAN
PACIFIC CENTERED

ANTARCTICA

| 1996년 스티브 워터먼이 개발한 나비 모양의 세계지도. 나비 종이 다양한 열대 저위도 지역을
축소돼 보이게 표현한 기존 세계지도의 단점을 보완했다. ©2012 Steve Waterman

1부
지리 교과서가 알려주지 않은 것들

1장.

지리멸렬한 게
지리라고요?

지리학자의
고백

지금은 지리학자로서 즐겁게 살고 있지만, 이미 고백했듯 제가 처음부터 지리학을 좋아했던 것은 아닙니다. 학창시절 교과서에 나오는 지명과 특산물을 무조건 외워야 하는 지리 시간을 정말 싫어했지요. 특히 지도만 보면 골치가 아팠는데, 지도에서 산맥의 위치와 이름을 맞혀야 하는 시험 문제는 거의 다 틀렸던 것 같습니다. 집에서 책 읽고 공부하고 피아노 연습만 하라는 어릴 적 어머니의 가르침 덕분에 한동안 방향감각이 부족한 길치로 살았습니다. 지금은 상태가 많이 나아져서 지도맹의 수준을 벗어나 새로운 곳에 가면 지도부터 찾는 지리학자로 거듭났지만요.

그렇게 지도와 지리 시간을 싫어했던 제가 어떻게 대학에서 지리학을 전공하게 되었냐고요? 앞에서 말했듯 수능을 망쳐 차선책으로 선택하기도 했지만, 무엇보다 고등학교 지리 선생님의 유혹(?)이 컸습니다. 당시 제가 다니던 여자고등학교는 연세 지긋하신 여선생님이 많으셨지요. 그래서 분위기가 꽤 보수적이던 학교에 총각 선생님 한 분이 지리 교사로 부임하신 거예요. 별명이 '불타는 고구마'였을 정도로 외모로 승부(?)하는 분은 아니었지만 대학교 다닐 때 여기저기 답사 다니며 즐겁게 지냈던 이야기를 어찌나 재미있게 들려주시던지, '비록 고등학교 지리는 재미없지만 대학은 좀 다르겠지'하고 막연한 기대를 하게 되었습니다. 그러나 막상 지리학과에 진학하니 딱딱한 이론만 잔뜩 배우게 되었고 저는 지리학에 대한 흥미를 잃고 말았습니다. 빨리 졸업하고 취직할 준비만 부지런히 했습니다.

하지만 제가 왜 지리학을 선택하게 되었는지, 보다 근본적인 이유가 있었음을 한참이 지난 30대 중반에야 깨닫게 되었습니다. 어린 시절 꿈을 만나게 되면서 잊고 있던 기억을 떠올리게 된 것이지요.

말괄량이 삐삐는 제 어린 시절 우상이었습니다. TV 시리즈로 말괄량이 삐삐를 만났는데, 큰 별장에 혼자 살면서 자기 하고 싶은 일을 하며 세계를 여행하는 그녀가 정말 부러웠습니다. 어머니는 하늘나라에 계시고 아버지는 해적이라 대부분의 시간을 혼자 지내며 모든 일을 알아서 처리해야 했지만, 전혀 주눅 들지 않던 용감한 소녀

내가 행복한 곳으로 가라

였지요. 삐삐의 금화에 욕심이 나서 주근깨를 없애는 약을 어떻게든 팔아 보려고 애쓰는 어른에게 '나는 주근깨가 좋아요. 주근깨 늘리는 약은 없나요?'라고 귀엽게 저항하는 말괄량이 삐삐가 저는 정말 마음에 들었답니다. 말을 타고 열기구와 큰 배를 운전하며 그녀처럼 전 세계를 여행하고 싶다는 막연한 꿈을 꾸었지요. 그렇게 말괄량이 삐삐처럼 자유롭게 살고 싶은 마음이 저를 지리학의 길로 이끌었다는 것을 뒤늦게 깨달았습니다.

하지만 말괄량이 삐삐가 어느 나라 아이인지는 전혀 몰랐고 관심도 없었습니다. 그저 미국이나 영국의 아동문학 작품에 나오는 캐릭터이겠거니 생각했지요. 말괄량이 삐삐를 창조한 작가인 아스트리드 린드그렌이 스웨덴 출신이라는 것을 나중에 알게 되었고, 마흔이 다 되어 그녀의 고향에 방문하고 나서야 제 어린 시절 비밀스러운 꿈의 세계에 접속할 수 있었습니다. 그동안 저 자신을 괴롭혔던 많은 문제와 모순이 한꺼번에 해결되는 듯한 황홀한 순간이었습니다. 제가 지리적 사고를 적용해서 말괄량이 삐삐의 나라 스웨덴을 좀 더 일찍 알게 되고 아스트리드 린드그렌 여사를 만났다면…… 아마 20대부터 제 인생의 방향이 많이 바뀌었을 것 같습니다.

말괄량이 삐삐가 처음 세상에 소개되었을 때, 어른들의 걱정과 반발도 심했다고 합니다. 하지만 스웨덴 어린이들의 열광적인 지지로 말괄량이 삐삐 책은 날개 돋친 듯 팔려 나가고 시리즈로 계속 출

| 현대 아동문학을 대표하는 아스트리드 린드그렌(1907~2002)은 우리에게 '말괄량이 삐삐'로 잘 알려진 TV 시리즈 원작 《삐삐 롱스타킹》을 포함해 110여 편의 작품을 남긴 스웨덴의 아동문학가다. 2015년은 삐삐 탄생 70주년이었다. (위)삐삐 탄생 70주년 기념전 포스터(2015년, 국립어린이청소년도서관)와 (아래)〈말괄량이 삐삐〉TV 시리즈의 한 장면. 괴력을 지닌 아이 삐삐가 말을 번쩍 들고 서 있다.

판되었습니다. 말괄량이 삐삐는 스웨덴을 넘어 노르웨이, 핀란드, 덴마크, 독일에서도 큰 인기를 끌게 되었고 축제와 가장행렬에서 여자 어린이들이 가장 선호하는 인기 캐릭터로 부상했지요. 신기하게도 말괄량이 삐삐가 환영받은 나라에서는 여성의 사회·경제적 지위가 계속 올라갔습니다. 말괄량이 삐삐의 고국 스웨덴은 아이슬란드, 노르웨이, 핀란드와 더불어 세계에서 가장 양성평등적인 나라에 속하지요.

저는 말괄량이 삐삐야말로 전형적인 꼬마 지리학자라고 생각해요. 방학을 경험하고 싶어서 아이들이 다 지루해하는 학교에 용감하게 등교할 정도로 호기심으로 가득한 아이이기도 하지요. 비록 맞춤법도 틀리고 구구단도 잘 외우지 못하지만, 해적인 아버지를 따라 전 세계를 다니면서 다양한 경험을 쌓았기에 지리적 상상력도 풍부합니다. 비록 어느 나라의 수도가 어디인지 잘 모르고 지리 지식이 부족하더라도 여행은 떠날 수 있지 않겠어요? 모르는 건 현지에서 만난 친구에게 직접 물어보면 되니까요. 삐삐는 저의 멘토이기도 합니다. 외롭고 슬플 때면 '삐삐라면 어떻게 했을까?' 자문하고 바로 그녀처럼 실행에 옮깁니다. 제 학교 연구실 문에는 짝짝이 양말에 헤진 신발을 신은 채 말을 번쩍 들고 있는 말괄량이 삐삐 포스터가 붙어 있습니다. 제 이메일 아이디도 'pippi'일 정도로 저는 말괄량이 삐삐 마니아입니다.

어린 왕자를 위한
새로운 지리학

  또 한 명, 제가 지리학자가 되는 데 영향을 끼친 문학작품의 주인 공이 있지요. 바로 생텍쥐페리가 창조한 캐릭터, 어린 왕자예요. 어린 왕자는 기대에 부풀어 지리학자의 별을 찾아가지만 실망하고 지구별로 향하게 됩니다.

  "할아버지의 별은 너무 아름다워요. 바다도 있나요?"
  "그건 모르겠구나."
  "그럼 산은요?" "그것도 모르겠는걸."
  "그럼 도시와 강과 사막은요?" "그것도 모르겠다."

"하지만 할아버지는 지리학자잖아요?"

지리학에 대해 호기심이 생긴 어린 왕자는 할아버지 지리학자가 하는 일에 대해 좀 더 자세하게 물어보기 시작합니다. 꽃도 기록하세요?

"우리는 꽃을 기록하지 않는단다."
"왜요? 얼마나 예쁜 꽃인데요!"
"꽃은 일시적인 것이거든."
"'일시적인 것'이라니요. 무슨 뜻인가요?"
"지리책은 모든 책 중에서 가장 중요한 책이다. 유행을 타지도 않고. 산이 위치를 옮긴다는 것은 극히 드물고, 바닷물이 말라 버리는 경우도 무척 드물잖니. 우리는 영원한 것만 기록한단다."

세계인의 사랑을 받는 소설,《어린 왕자》에는 지리학자가 이처럼 묘사됩니다. 여기에 등장하는 지리학자는 눈에 보이지 않는 세계, 지도화할 수 없는 것들은 하찮게 생각하고 어린 왕자가 사랑한, 세상에 단 하나밖에 없는 꽃에는 전혀 관심을 보이지 않습니다. 변하지 않는 강, 바다, 산만 중요하게 생각하는 할아버지 지리학자는 자신이 새로운 세계를 직접 탐험하기보다는 그곳에 다녀온 사람들의 이야기를 듣고 자신이 믿을 만하다고 생각하는 것만 기록합니다.

"난 탐험가가 아니거든. 나는 탐험가와는 거리가 멀단다. 지리학자는 도시나 강과 산, 바다와 태양과 사막을 돌아다니지 않아.
지리학자는 아주 중요한 사람이니까 한가로이 돌아다닐 수 없지. 서재를 떠날 수가 없어. (…)"

꽃과 나비를 사랑하는 지리학자로서 어린 왕자에게 새로운 지리학을 소개하고 지리학자에 대한 오해도 풀어 주고 싶습니다. 어린 왕자를 위한 새로운 지리학은 오감을 총동원해야만 발견할 수 있는 매혹의 세계를 다룹니다. 지하자원, 농산물, 공업지역의 위치를 확인하고 경제 개발을 우선시하는 남성적 지리학의 한계를 극복하기 위해 꽃의 향기, 작은 나비의 날갯짓도 소중하게 생각하는 여성적 지리학의 세계로 안내하고 싶습니다. 인구밀도, 국민소득, 강수량 등 딱딱한 통계수치와 복잡한 그래프보다는 아름다운 사진과 감동적인 스토리가 중심이지요. 또 아프리카의 사하라 사막에만 주로 있었던 것 같은 어린 왕자에게 동남아시아, 동아시아, 중남미 등 다양한 지역의 그가 좋아할 만한 장소들을 소개해 주고 싶네요. 아름다운 곳, 재미있는 곳, 창의성이 꽃피는 곳, 사랑하기 좋은 곳, 행복한 사람들이 많은 행복 밀집 지역 등 흥미로운 공간으로 안내하여, 어린 왕자가 지구별에 좀 더 오래 머물며 행복한 추억을 만들도록 돕는 여행 가이드처럼 말이에요.

실제로 제가 세계 여러 나라에서 만난 지리학자들은 자신이 하고 싶은 주제를 자유롭게 선택하고 있더군요. 음식, 패션, 스포츠, 현대미술, 심지어는 댄스나 냄새까지…… 세상의 모든 존재와 상상할 수 있는 모든 것들이 다 지리학의 연구 주제가 될 수 있다는 것을 알게 된 후, 저는 지리학자라는 직업이 아주 좋아졌습니다.

하지만 슬프게도 여전히 학교에서 배우는 지리는 딱딱하고 재미없는 내용이 많지요. 교과서에 나오는 세계지리 지식은 현실 세계에서는 별 쓸모가 없거나, 심지어 과거의 잘못된 정보와 편향된 관점을 그대로 담고 있기도 해요. 변화하는 현실을 제대로 반영하지 못하는 교과서와 입시 문제집에 나오는 지식만 진리일까요? 좀 더 삐딱하게 볼까요? 저는 우선 지도부터가 편향되었다고 생각해요. 지도에는 인문·자연적 위치만 표시되어 있는 게 아니라 정치·문화적

담론도 담겨 있습니다. 특히 세계지도에는 특정 문화권에서 세계를 보는 시각이 담겨 있지요.

근대 유럽이 식민주의 정책을 수립하고 제국주의를 실현하는 과정에서 세계지도는 핵심적인 기능을 담당했는데, 특히 영국의 어린이 세계 그림 지도책은 전 세계 어린이들의 지리적 상상력에 큰 영향을 끼쳐 왔습니다. 한국에서 출판된 어린이 세계지도 책들만 보아도 유럽 중심적 시각이 상당히 많이 깃들어 있습니다. 내용과 분량에서 유럽 및 서구의 비중이 지나치게 높고, 북반구 고위도 지역이 너무 많이 확대되어 있는 전형적인 유럽 중심 지도가 대부분이지요. 적도에 가까운 아프리카, 중남미, 동남아 지역은 실제 면적에 비해 지나치게 축소되어 있는 반면, 캐나다, 미국, 영국, 북유럽, 러시아는 실제보다 넓고 중요하다는 인상을 줍니다.

그런 편향된 세계관이 담긴 지리 관련 서적은 유럽의 역사와 문화에 대해서는 긍정적으로 기술하지만 제3세계는 열등하고 낙후된 지역으로 설명하는 등 서구중심주의를 강화할 우려가 있습니다. 문화유산이 풍부하고 경제가 발전한 온대의 유럽과는 달리 열대 지역은 개발을 기다리는 자원 분포 지역, 동식물이 서식하고 미개한 원주민이 살아가는 야만의 땅, 이국적인 풍광을 즐길 수 있는 관광지, 에로틱하고 순종적인 여성으로 표상화되어 있는 경우가 많습니다. 이러한 시선이 내재된 지리 교육은 역동적으로 변화하는 현실과 세계에 대한

　　　　　　　　　　　　　　　　내가 행복한 곳으로 가라

균형 잡힌 이해를 저해하고, 사람들의 지리적 상상력을 왜곡시킬 가능성까지 있고요.

보통 지리 시험에는 무역액 등 특정 시기 특정 지역의 경제 규모를 암기해야만 풀 수 있는 문제가 자주 등장합니다. 수치로 표현되는 돈이 최고라는 경제중심적인 사고를 강화할 우려가 있는 데다, 무엇보다 이런 지식들이 우리의 꿈과 행복에 어떤 실질적인 도움을 줄 수 있는지 의문입니다. 북미자유무역협정NAFTA으로 피해를 입은 멕시코 농부들의 고통, 북아일랜드나 카탈로니아처럼 영국과 스페인으로부터 독립하려는 사람들의 목소리는 묻히게 되지요.

제가 꿈꾸는 새로운 지리학은 유럽과 북미 중심의 경직된 세계관에서 벗어나 다양한 방식으로 세계를 바라보는 창을 제공함으로써 편견과 차별을 넘어 자기만의 방식으로 세상을 새롭게 보도록 도와주는 지리학입니다. 우리의 일상적인 생활 공간을 재발견하도록 도와주는 살아 있는 지리학이기도 하고요.

생존을 위한
지리학

무라카미 하루키의 《노르웨이의 숲》에는 지리를 전공하는 룸메이트가 아주 답답한 인물로 나옵니다. 파울로 코엘료의 소설 《베로니카 죽기로 결심하다》에서도 지리 과목은 부정적인 이미지로, 대수학과 함께 아무 쓸잘머리 없는 것으로 지목됩니다. 앞에서 살펴보았듯 생텍쥐페리의 《어린 왕자》에서도 할아버지 지리학자는 융통성 없고 딱딱하고 재미없는 사람을 대표합니다.

지리 교육이 꽤 발달한 나라에서도 이처럼 지리학자나 지리 교사가 따분하고 재미없는 인물로 인식되는 것에는 몇 가지 이유가 있습니다. 초창기 남성 중심 지리학계의 한계가 그 한 가지 이유입니

내가 행복한 곳으로 가라

다. 다양한 취향과 관점이 반영되기 어려웠지요. 또 제국주의를 추진한 유럽 선진국이나 일본, 프랑스, 브라질 등에서는 지리 교육이 중시되었지만, 지금 한국의 국사처럼 어른들이 강조하는 국책 과목이 되면서 점점 더 경직되고 재미가 없어진 탓도 있습니다.

그러나 일상생활에서, 그리고 창조적인 분야에서 지도와 지리 정보, 지리적 사고는 매우 중요합니다. 하루키(일본)도, 파울로 코엘료(브라질)도, 생텍쥐페리(프랑스)도 모두 여행을 좋아하고 지리적 상상력이 풍부했으며, 공간적 의사 결정 능력도 탁월했습니다. 비록 학교의 지리 과목은 싫어했지만 누구보다 더 적극적으로 지리적 상상력을 자신의 삶에서 실천하고 살았던 것이지요.

세계적으로 지리 교육이 가장 부실하고, 지리적 상상력이 빈약한 나라는 어디일까요? 세계 100여 개국을 여행하며 각 나라의 지리 교육 관련 자료를 수집하고 분석해 본 결과, 미국과 한국이라는 안타까운 결론에 도달했습니다.

미국은 세계 최강국이지만 일류대학에서 지리학과가 사라진 지 오래고, 학교 현장에서는 사회과 교육에서 민주주의 이론과 원칙만 강조되고 유럽인의 관점에서 서부 개척사를 다룬 자국사 중심의 역사 교육이 대세입니다(다양한 문화적·인종적 배경을 가진 이민자들이 모여 자연·인문 환경이 다른 50개 주를 이루고 있으니, 단기간에 이들을 연합해 하나의 국가를 만들어야 하는 미국의 지리적 조건을 상상해 보면, 첨예한 쟁점과 갈등이 내재된 복잡한 현실을 드러내고 다양한 관점을 장려하는 지리 교육이 무시되는 맥락이 쉽게 이해가 갑니다). 아무래도 대중교통보다는 자가용을 주로 이용하는 문화이고 또 워낙 총기 사고도 빈번하다 보니 학생들이 자기 동네 답사하는 것도 여의치 않은 상황에서 미국의 지리 교육은 실내에서 지명을 암기하고 지도에 색칠하는 수준에 그치는 경우가 많습니다. 또한 현장 체험보다는 IT 기술을 활용한 간접 경험을 강조하지요.

미국식 사회과 교육을 그대로 수입해 국사 중심의 역사 교육만 중요시하는 한국에서 지리 교육은 홀대받고 있습니다. 실제로 지리를 제대로 전공한 교사가 학교 현장에 거의 없을 정도로 한국의 지리 교육은 매우 열악한 상황이고, 앞서 언급한 지리 교사에 대한 부정적인 이미지조차 없습니다(악플보다 더 슬픈 무플!).

《지금 왜 지리학인가》라는 책을 쓴 세계적인 지리학자, 하름 데 블레이는 미국이 국제사회에서 제대로 글로벌 리더의 역할을 수행하지 못하는 가장 큰 걸림돌로 '미국 학교와 대학의 부실한 지리 교육과 정치 지도자의 지리적 문맹'을 지적하였는데, 한국의 현재 상황도 미국과 크게 다르지 않은 것 같아 지리 교육자로서 매우 안타깝습니다(하지만 지금 이 책을 읽는 여러분이 저의 희망입니다!).

내가 행복한 곳으로 가라

몇 해 전 돌아가신 하름 데 블레이 교수님이 한국에 잠깐 들르셨을 때 며칠 동안 교수님과 동행하며 이분의 개인 답사를 안내해 드린 적이 있습니다. 학기 중에는 대학 교수로 학생들을 가르치고 방학 중에는 아르바이트로 호화 유람선 가이드를 하며 세계를 여행하셨는데(여행이 직업인 지리학자는 아르바이트할 것도 많습니다) 아주 행복해 보였습니다. 세계 여러 나라를 다니며 현지의 최신 정보를 수집하고 살아 있는 문화도 체험하는(게다가 돈까지 벌면서!) '꿩 먹고 알 먹는' 여행이니까요. 당시 《와인의 지리학》이란 책을 쓸 정도로 포도주에 관심이 많으셔서 이분과 함께 카메라를 들고 국내의 와인 숍을 찾아다니며 즐거운 시간을 보낸 기억이 나네요.

　그렇다면 세계에서 지리 교육이 가장 강한 나라는 어디일까요? 윌리엄 왕세손이 대학에서 지리학을 전공할 정도로 영국 사회에서 지리 교육의 위상은 여전히 높습니다. 현대 영국의 일상생활 속에도 지리 교육의 전통은 깊게 뿌리를 내리고 있습니다. 가족 휴가 때 부모가 아이들과 함께 지도 읽는 연습을 하고 새로운 길을 찾는 활동을 할 정도니까요.

　섬나라이기에 외국에 나가려면 무조건 배를 타고 위험한 바다로 나가야 했던 영국은 생존을 위해 청소년들에게 지리를 열심히 가르쳐 왔고, 세계로 진출하는 영국인들은 평생 지도를 가까이하며 생활

| (위)영국의 부모와 자녀들이 함께 지도를 보며 답사할 곳을 고르고 동선을 계획하고 있다.

(아래)2004년 12월 26일 태국 푸켓의 해변에서 가족들과 크리스마스 휴가를 보내던 열한 살짜리 영국인 소녀가 바닷물이 갑자기 뒤로 쓸려가며 부글부글 끓는 이상한 광경을 목격했다. 그녀는 학교 지리 수업 시간에 선생님에게 배운 자연 현상을 얼른 떠올렸고, '곧 육지로 바닷물이 들이닥칠 테니 모두 바다에서 나와야 한다'고 소리쳤다. 지리 공부를 열심히 해온 한 영국 소녀의 해박한 지리 지식과 관찰력 덕분에, 수십만 명의 목숨을 앗아간 쓰나미 재해에도 이 지역에서는 단 한 명의 사망자도 발생하지 않았다(2005년 BBC 뉴스 보도).

속 지리 교육을 실천하고 있습니다.

　지리는 통치자의 학문입니다. 통치 받아야 할 사람에게 지도를 주거나 지리 교육을 시키는 것은 위험하기에 군대에서도 장교 이상만 지도 보는 법을 배웁니다. 영국 외에도 프랑스, 네덜란드, 포르투갈 등 식민지를 지배한 경험이 있는 나라들과 함께 중국, 브라질 등 국토가 넓은 나라들에서 지리 교육의 위상은 확고합니다.

　교육 강국 핀란드에서는 초등학교 때부터 주변의 자연 환경에 숨은 위험 요소를 인식하고 호수에서 안전하게 수영하는 법을 배우고, 중국과 중동의 이슬람 국가에서도 재해에 대비하고 인명 피해를 최소화하기 위한 지식과 행동 지침을 담은 지리 교육이 이루어지고 있습니다. 특히 지리 교육의 중심지로 급부상한 중국에서는 고등학교 선택과목에 여행지리, 해양지리, 우주지리, 재해예방지리 등 다양한 지리 과목이 개설되어 있습니다. 반면 한국에서 일어난 쓰라린 참사를 생각하면 희생된 청소년들에게 슬프고 미안한 마음입니다.

　요즘 한국의 청소년들에게 가장 행복한 공간이 어디냐고 물으면 뭐라고 답할까요? 대부분의 청소년이 '자기 방' 또는 '(컴퓨터 게임을 신나게 할 수 있는) PC방'이라고 답한다고요. 그만큼 청소년들이 갈 곳이 없다는 얘기이기도 하고, 자신이 별로 원하지 않는 일에 기력을 소진해 가고 싶은 곳을 생각할 에너지조차 없다는 뜻이기도 하겠지요. 모든 게 귀찮고 지쳐서 그저 자신의 방이나 가상현실 속에 틀어박혀 컴퓨터 게임이라도 신나게 하고 싶다는 얘기지요. 아주 슬프고 불행한 현실이 아닐 수 없습니다.

세월호 참사 이후 밖으로 나가는 체험활동이나 수학여행이 축소되는 상황이니, 청소년들이 야외에서 다양한 활동이나 답사를 통해 자신의 안전을 지키는 방법을 배울 기회가 더 줄어드는 것 같아 지리학자로서 매우 안타깝습니다.

저는 한국의 청소년들에게 두렵고 힘들더라도 우선 무조건 밖으로 나가야 한다고 말하고 싶습니다. 골방에 처박혀 있지 말고 용기를 내어 더 넓은 세계로 나가야 한다고요. 물론 그건 무척 어렵고 겁나는 일입니다. 저 같은 어른들도 낯선 곳에 가려면 큰 용기가 필요합니다. 죽은 듯 보이는 번데기가 화려한 나비가 되는 것처럼 자신의 존재를 송두리째 뛰어넘어야 하는 일이기도 합니다. 하지만 두렵고 힘들더라도 나가야 합니다.

시간이 흐르면 어떻게 해결되겠지, 어른들이 알아서 해주겠지…… 여러분, 더 이상 무언가를 막연하게 기다리며 그냥 앉아만 있지 마세요. 처음에는 좀 어설퍼도 내가 행복을 느끼는 공간, 나에게 맞는 공간을 밖에 나가 직접 찾아보고, 지리적 상상력을 발휘해 내 존재가 빛날 수 있는 공간을 발견하세요. 이리저리 헤매고 부딪치고 시행착오를 거치며 찾아 나갈 수도 있고, 힘이 생기면 내가 행복한 공간을 아예 만들어 버릴 수도 있습니다.

저는 이것을 생존을 위한 지리적 상상력이라고 부르겠습니다. 희망도 꿈도 행복도 모두 살아남은 후에 가능한 것이겠지요. 가만히 있으면 중간은 간다, 엉덩이가 무거워야 성공한다는 말이 있지요. 그런 말이 통하던 시대도 있었을지 모릅니다. 하지만 지금은 아닙니다. 가만히 있으라는 것은 죽으라는 소리와 같습니다. 여러분은 살기 위해서라도 움직여야 합니다.

아르바이트로 어렵게 모은 350만 원을 들고 141일간 세계를 여행한 선배 언니, 안시내의 용기도 참고하세요. 지방대 미대 출신이라는 한계를 뉴욕 한복판에서 열정과 배짱으로 돌파한 광고 천재 이제석 오빠의 '판이 불리하면 판을 엎고 내가 원하는 룰로 바꾸라'는 응원도 힘이 될 거예요. '난 없는 게 메리트야'라고 나 자신을 토닥이며 주머니 속의 용기를 슬며시 꺼내 보지 않을래요?

야외 체험활동을 통해 안전을 배우는 현장을 살펴 볼까요.
QR 코드를 스캔해 보세요.

2장.

좋아하는
장소 하나
가진다는 것

지리적
상상력의 힘

그동안 지리 교과서가 딱딱하게 느껴졌던 이유 중 하나는 내가 좋아하는 장소보다는 어른들이 중요하다고 생각하는 공간이 더 많이 나오기 때문이 아닐까 싶습니다. 그렇다면 내가 좋아하는 장소, 나에게 맞는 곳을 찾는 게 왜 그렇게 중요한 걸까요?

《해리 포터》 시리즈를 통해 자신의 운명을 바꾸고, 컴퓨터 게임에 빠져 있던 어린이들이 너도나도 두꺼운 책을 자발적으로 읽는 마법을 일으킨 조앤 K. 롤링의 이야기를 들려주고 싶습니다.

영국 잉글랜드 출신인 그녀는 난방비를 아끼려고 카페에 나와서 글을 쓴 가난한 싱글맘으로만 알려져 있지만, 사실은 영국의 전형적인 중산층 가정에서 태어나 정규 교육을 충실히 받은 모범생이었습니다. 하지만 옥스퍼드 대학에 떨어진 후 방황했고 작가보다는 실용적인 직업을 갖기 원했던 현실적인 어머니와 갈등이 심했습니다. 대학 졸업 후 다양한 직업을 전전하며 작가의 꿈을 이루려 노력했지만 일도 연애도 잘 안 되는 우울한 청춘이었습니다. 특히 어머니의 때 이른 죽음으로 죄책감이 컸던 그녀는 글쓰기에 유리한 환경을 찾아 과감하게 포르투갈로 이주하기도 했습니다. 그녀는 다양한 실패 경험을 통해 지리적 상상력을 길렀고, 인생 최대의 위기를 맞아 공간적 의사 결정을 잘해 마침내 작가로서 성공하고 영국 여왕 못지않은 부와 영향력을 지니게 되었습니다.

그녀는 《해리 포터》를 완성하기 위해 글이 잘 써지는 곳, 자신에게 맞는 공간을 열심히 찾아다니며 늘 이동하는 여행자의 삶을 살았습니다. 심지어 그녀가 소년 마법사를 떠올린 것도 런던과 맨체스터를 오가는 기차 안이었을 정도니까요. 런던 동부의 앰네스티 인터네셔널Amnesty International(국제사면위원회, 양심수를 후원하는 등 국제적으로 인권 옹호 활동을 펴는 비정부 인권기구)에서 일하며 가난하고 고통 받는 사람들에 대한 공감 능력을 키우고 지리적 상상력을 길렀습니다. 생계를 위해 적성에 맞지 않는 직업을 전전하면서도 자투리 시간을 활용해 글을 쓰는 등 작가의 꿈을 이루려 노력했지만 런던의 비싼 생활비를 감당하기에는 역부족이었습니다. 하지만 아무리 경제적으로 힘들어도 그녀의 자유로운 상상력을 억누르는 보수적인 고향으로 돌아가고 싶지는 않았습니다(《캐주얼 베이컨시》는 그녀가 혐오하던 고향 사람들과 가십을 즐기는 중산층 문화를 풍자한 책이라고 합니다).

벼랑 끝에 몰린 그녀는 세계지도를 펼치고 생활비가 덜 들면서 글쓰기에 좋은 곳을 탐색하기 시작합니다. 영국보다 물가가 싸고 기후가 온화하면서 문화적 전통과 역사가 살아 있고 경치가 아름다운 곳은 어디일까? 그녀는 대학에서 프랑스어를 전공하며 프랑스에 연수를 다녀온 적이 있었는데 어머니의 간섭으로부터 벗어나 매우 행복했던 기억을 떠올렸습니다. 하지만 프랑스에서는 영국인으로 직업을 구하기가 어려웠고 생활비도 만만치 않다는 단점이 있었습니다. 그녀는 지리적 상상력을 발휘해서 대안을 모색해 봅니다.

아, 역사적으로 영국과 문화·경제적 교류가 활발했던 포르투갈로 한번 가볼까? 자신들이 세계의 중심지라고 생각해 자국어만 강조하는 콧대 높은 스페인이나 프랑스보다는 실용적인 영어를 배우고자 하는 사람들이 더 많아 직업을 구하기도 쉬울 거야. 포르투갈에서도 수도 리스본보다는 제2의 도시 포르투Porto가 좋겠다. 수백 년 전부터 영국에 와인을 수출해 왔으니 영국 문화가 널리 퍼져 있고 영국식 건물도 많아 낯설지 않을 거야. 무엇보다 생활비가 저렴해 조금만 일해도 글 쓸 시간을 충분히 확보할 수 있을 거야.

그녀는 당장 짐을 싸서 포르투갈행 비행기를 탔고 포르투에서 영어 교사를 하며 3년을 보냅니다. 어머니와의 갈등으로 괴로워하고 실연의 아픔도 겪었던 그녀는 자신을 억누르던 아픈 기억으로부터 벗어나 새로운 환경에서 새롭게 출발하고 싶었을 것 같습니다. 하지만 그녀는 그곳에서 더 큰 상처를 입게 되고 포르투는 다시는 떠올리기 싫은 곳이 되었습니다. 《해리 포터》 시리즈가 성공한 이후에도 그녀는 자신의 포르투갈 생활에 대해서는 언급하기를 유독 꺼려 합니다.

하지만 포르투는 사랑하기 좋은 예쁘고 낭만적인 공간으로 가득한 항구도시입니다. 세상에서 가장 아름다운 서점이라는 렐루Lello를 비롯해 중세의 낭만과 역사적 향기가 살아 숨 쉬는 곳이기도 합니다. 실제로 J. K. 롤링은 렐루 서점에 자주 들렀다고 하고, 지금도 서점 한쪽에는 《해리 포터》 시리즈가 북 트럭에 가득 담겨 있습니다. 마법사처럼 보이게 하는 검은 가운을 입고 골목길을 답사하는 학생들, 영국보다 더 영국식 전통이 잘 남아 있는 오래된 건물들, 책과 예술을 사랑하는 다정한 사람들……. 포르투의 거리를 걷다 보면 《해리 포터》 시리즈 속 익숙한 풍경들을 쉽게 만날 수 있습니다. 달콤한 디저트와 향기로운 와인은 마음의 빗장을 풀게 하죠. 이곳 사람들은 외지인에게도 쉽게 미소를 보내고 아주 친절합니다. 그녀는 이곳에서 비주얼이 훌륭한 기자와 사랑에 빠져 급히 결혼식을 올리고 딸을

| 세상에서 가장 아름다운 서점 중 하나인 포르투갈 포르투의 렐루 서점 내부. 《해리 포터》 시리즈의 한 장면을 자연스레 떠올리게 된다. 실제로 J. K. 롤링은 이 서점을 보고 소설 속 기숙사와 도서관을 구상했다고 한다.

QR 코드를 통해 사랑과 낭만의 도시
포르투의 다양한 풍경을 만날 수 있습니다.

낳지만 아쉽게도 포르투와의 인연은 딱 거기까지였던 것 같습니다.

결혼 후 가부장적으로 돌변한 남편의 냉대와 가정 폭력에 시달리던 J. K. 롤링은 핏덩이 어린 딸을 안고 영국행 비행기를 탑니다. 이제 더 잃을 것도 없이 인생 최악의 나락에 떨어진 그녀가 여동생이 살고 있던 스코틀랜드의 에든버러에 정착한 것은 정말 탁월한 공간적 의사 결정이었습니다(포르투와 에든버러의 환경은 의외로 공통점이 많습니다. 항구도시, 요새 도시, 문화 · 역사 도시로서 작가와 예술가들이 영감을 얻기에 좋은 곳이지요. 실제로 에든버러는 셜록 홈스를 창조한 코넌 도일 등 유명한 작가들을 많이 배출했고 지금도 스토리텔링의 수도로 불립니다. J. K. 롤링의 탁월한 지리적 감각이 돋보이는 대목입니다). 대처 정부 하에서 경쟁이 강화되고 사회적 약자에 대한 배려가 급속히 줄어들고 있던 잉글랜드에 비해 스코틀랜드의 에든버러는 싱글맘에 대한 편견이 적고 글쓰기에 더 유리한 환경이었습니다.

그녀는 스코틀랜드 복지 정책의 혜택으로 작은 임대 아파트를 얻고 어린 딸을 키우며 기본적인 생계를 꾸려 갈 수 있게 됩니다. 하지만 싱글맘으로 생활 보조금을 받으며 작은 아파트에 갇혀 있다 보니 마음도 울적하고 글도 잘 써지지 않습니다. 그녀는 유모차를 몰고 산책하면서 글쓰기에 좋은 공간을 탐색합니다. 몇 군데 카페가 자신에게 영감을 주고 글쓰기에 좋은 장소임을 발견한 후에는 매일 카페로 출근하기 시작합니다. 그녀의 첫 《해리 포터》 소설은 바로 니콜슨, 엘리펀트 등 에든버러의 카페에서 완성되었습니다. 이후 그녀는 작가로서 엄청난 성공을 거두고 부와 명예, 사랑과 행복을 모두 얻게 되지요. 만일 그녀가 에든버러 카페를 발견하지 못했다면, 전 세계 어린이들이 자발적으로 책을 열심히 읽는 마법은 시작되지 못했을 것입니다.

하지만 모두가 꼭 에든버러의 카페에 가야 글이 잘 써지고 성공하는 것은 아닙니다. 각자 좋아하는 장소는 다를 수 있고, 내가 행복한 공간은 결국 내가 느끼고 발견해야 하는 것이니까요.

QR 코드를 통해 J. K. 롤링이 일하며 애벌레 시기를 보낸 런던 앰네스티 인터네셔널 주변의 모습을 볼 수 있습니다.

QR 코드를 통해 스코틀랜드의 다양한 풍경을 볼 수 있습니다.
J. K. 롤링에게 영감을 준 스코틀랜드 에든버러 성과 글렌피난의 해리 포터 트레인.

자신이 좋아하는 장소의 중요성을 증명하는 또 다른 주인공은 피터 래빗 동화책과 캐릭터로 유명한 베아트릭스 포터(1866~1943)입니다. 그녀는 세계 최초의 상표권 등록권자이기도 한데요, 피터 래빗과 그 친구들이 그려진 캐릭터 상품의 아래쪽을 보면 ©Beatrix Potter라고 되어 있습니다. 창의적 아이디어와 캐릭터 디자인 하나로 사후에도 계속 돈을 벌고 있는 그녀야말로 요즘 각광받는 창조경제의 원조가 아닐까 싶습니다.

하지만 그녀의 인생이 늘 순조로웠던 것은 아닙니다. 19세기 중반 런던 첼시에서 재벌 가문의 맏딸로 태어났지만 마흔 무렵까지는 (당시 평균 수명을 고려한다면 지금으로 치면 환갑이 훌쩍 넘은 나이라고 할 수 있습니다) 정말 되는 일이 없었습니다. 베아트릭스는 호기심도 많고 상상력도 풍부하고 여러 재주가 많은 영재였습니다. 현대라면 '엄친딸'로 부러움의 대상이었겠지만 19세기 영국 빅토리아 시대는 재능 있는 여성들에게 가혹했습니다. 집에서 외모를 가꾸고 예쁜 드레스 입고 조신하게 신부수업 잘 받아 재력 있는 남편 만나는 것이 당시 여성들의 인생 최대 목표였습니다. 여성이 가질 수 있는 직업은 간호사, 가정교사 정도로 제한되었고 상류층 여성들은 혼자서 외출하기도 어려운 상황이었습니다. 가끔씩 쇼핑하거나 다른 가정집에 사교 모임을 하러 갈 때도 하인을 동반하고 정숙하게 차려입고 나가야 구설수에 오르지 않았으니까요.

매년 여름 베아트릭스의 가족은 공기가 나쁜 런던을 떠나 잉글랜드 북부의 호수 지방이나 스코틀랜드에서 휴가를 즐겼습니다. 변호사인 아버지는 씩씩하게 자연에서 뛰놀며 그림을 잘 그리는 딸을 대견해했지만, 보수적인 어머니는 화가가 되고 싶다는 딸의 꿈을 비웃었습니다. 하루 종일 밖에서 뛰어다녀 드레스가 금방 해어지고 지저분해진다고 구박하며 시집갈 생각이 없는 딸을 골치 아파했습니다. 과학적 탐구 능력과 관찰력이 탁월했던 그녀는 계속 주변의 동식물을 스케치했고 버섯의 생태에 관한 연구 성과를 런던의 린네 식물 연구 학회에서 발표하기도 했습니다. 하지만 여성이었기에 직업을 가질 수도 없었고 과학자로 인정받을 수도 없었습니다.

여성에 대한 편견과 차별에 부딪힌 그녀는 시름시름 앓았습니다. 병상에서 그녀의 유일한 위안거리는 지리적 상상력을 발휘해 토끼, 고양이, 나비, 개구리 등 귀여운 동물 캐릭터를 그리는 것이었습니다. 하지만 동물들이 주인공인 그녀의 이야기를 책으로 출판하기 위해서는 오랜 시간 기다려야 했습니다. '아이도 길러 보지 못한 노처녀가 어떻게 아이들을 위한 동화책을 낼 수 있겠느냐', '애들 동화책이나 팔아서 돈이 되겠느냐'는 남성 중심적인 출판계의 편견이 강했습니다.

하지만 우여곡절 끝에 그녀의 마음을 잘 이해하고 개성을 살려주는 편집자를 만나면서 그녀의 작고 귀여운 그림 동화책은 베스트셀러가 됩니다. 책은 날개 돋친 듯 팔리고 서로 마음이 잘 통하는 노총각 편집자와의 사랑도 무르익어 인생은 온통 장밋빛입니다. 그런데 그녀의 부모님, 특히 어머니가 별 볼 일 없는 집안의 청년이라는 이유로 어렵게 만난 인연을 결사적으로 반대합니다. 그녀가 부모님과 함께 런던에서 멀리 떨어진 지방에서 긴 휴가를 보내는 사이 상심한 애인은 갑자기 세상을 떠나고 맙니다. 떠나간 사랑에 대한 후회와 죄책감으로 그녀의 마음은 무너졌고 이제 더 이상 그림을 그릴 에너지도 남아 있지 않았습니다. 세상을 살아갈 용기도 다 잃어버린 그녀는 아픈 상처를 치유하기 위해 런던을 떠나 어린 시절 행복한 공간이었던 북부 호수 지방으로 여행을 떠납니다.

베아트릭스는 부모님의 걱정과 반대에도 불구하고 시골의 작은 농가를 구입하여 런던을 떠나 이사 갈 준비를 합니다. 조금씩 그림도 다시 그리기 시작하고 동화책도 계속 출판합니다. 다행히 책이 잘 팔리자 그녀는 호수 지방의 농가와 농지를 구입하기 시작합니다. 연하의 부동산 전문 변호사 윌리엄 힐리스의 자문을 받아 가면서요. 그녀는 키가 훤칠하고 춤 잘 추고 매너 있는 영국 신사, 힐리스와 자연스럽게 가까워지고 둘은 평생을 아름다운 호수 지방을 지키며 살아갑니다. 동화책 인세뿐 아니라 세계 최초로 등록한 동물 캐릭터 상표권으로 더 많은 수익을 올리자 인근의 부동산을 더 많이 사들이며 탁월한 재테크 능력까지 보여 줍니다. 그러나 자신은 평생 농

| 베아트릭스 포터가 살았던 잉글랜드 북부 호수 지방의 니어 소리 마을 전경(영국 작가들의 상상력의 원천이 된 정원과 장소, 자연을 소개한 책 《작가들의 정원》 중에서).

QR 코드를 통해 영국 잉글랜드 북부 호수 지방에 있는
힐 탑 농장과 카슬 코티지 등 베아트릭스 포터의 행복한 이야기로 가득한 장소를 방문해 볼까요.

사를 짓고 정원을 가꾸며 검소하게 살았고, 엄청난 규모의 부동산을 내셔널 트러스트에 모두 기부하고 떠나면서 인생을 아름답게 마무리하지요. 그녀 덕분에 잉글랜드 북부 호수 지방의 아름다운 자연과 지역 전통이 지금까지 그대로 지켜질 수 있었습니다.

그녀가 만일 어린 시절 자연에서 뛰놀며 행복한 장소를 경험하지 않았다면? 어머니로부터 받은 상처와 실연의 아픔이 가득한 런던에서 평생을 살았다면? 부모님의 반대를 무릅쓰고 시골로 이사가 자연 속에서 생활하며 아픈 몸과 마음을 치유하지 않았다면? 마흔이 넘어 성공, 행복, 사랑 세 마리 토끼를 다 잡는 인생 역전은 일어나지 않았을 것이고, 호수 지방의 아름다운 풍경도 파괴되고 사라졌을지 모릅니다.

내가 좋아하는 장소 하나 갖는 것이 모두를 살리는 행복한 변화의 시작이 된 셈이지요. 어린 시절 행복한 추억이 깃든 여러분만의 장소는 어디인가요? 자신이 좋아하는 장소를 찾기 위해 얼마나 다양한 곳에 가보았나요? 자, 우선 내가 지금 살아가는 곳이 어디인지 지도를 펼치고 지리적 상상력을 한번 발휘해 보시겠어요?

나라의 운명도
바꾸는
지리적 상상력

지리적 상상력으로 운명의 지도를 바꾼 J. K. 롤링과 베아트릭스 포터. 두 사람은 살아간 시대는 다르지만 모두 영국 여자라는 공통점이 있습니다. 영국은 여왕의 나라이기도 합니다. 특히 엘리자베스 1세 여왕은 16세기 유럽 변방의 가난한 섬나라였던 영국의 운명을 바꾼 지도자이기도 합니다. 그녀는 비록 공주로 태어났지만 자신을 낳은 어머니가 누구인지도 모른 채 의붓어머니 밑에서 성장했습니다. 아들을 낳지 못했다고 아버지인 왕에게 버림받은 어머니는 그녀가 어릴 때부터 탑에 갇혀 고통스럽게 연명하다가 처형을 당할 정도로 불행한 가정환경이었습니다. 그녀가 왕위에 오르리라고는 아무도 예상하지 못한 상황에서 여왕이 된 그녀였지만 왕실에서 곱게 자란 유럽의 그 어느 군주보다 지리적 상상력이 훌륭했습니다.

그녀는 유명한 지도 제작자에게 새로운 영국의 지도를 만들 것을 명령하고 심지어 자신의 초상화에도 지도를 소품으로 활용합니다. 신하들을 거느리고 영국 전역을 여행하면서 화려한 왕실의 권위를 자랑하며 자신의 통치 기반을 닦았습니다. 마침 셰익스피어 연극이 인기를 끌면서 표준어로서 영어가 전국으로 자연스럽게 확산되기도 했지요. 또한 그녀는 해적 드레이크를 지원하여 스페인 무적함대를 격파시키고 유럽과 아시아를 잇는 항로를 장악하였습니다. 그뿐만 아니라 아메리카 신대륙 탐험을 통해 영국의 식민지를 넓히는 데도 힘을 쏟았습니다. 그녀가 얼마나 글로벌한 시각과 지리적 상상력으로 충만한 여왕이었는지는 지구본에 손을 올리고 영국 지도 위에서 자신감 있게 포즈를 취한 초상화를 통해 엿볼 수 있습니다.

지금은 섬나라인 것이 지리적 약점이 되지 않지만(유로스타 철도로 연결되어 현재는 섬나라라고 보기도 어렵고 어차피 비행기가 주요한 교통수단이기에 바다든 육지든 큰 상관이 없지만) 당시만 해도 영국이 섬나라인 것은 국가 발전에 치명적인 걸림돌이었습니다. 유럽을 리드하는 세력은 유럽 평야의 중심에 위치한 프랑스나 오스트리아의 왕족이었고, 남유럽의 중심지는 역사적, 종교적, 문화

| (위)스페인 무적함대를 무찌른 기념으로 제작된 초상화. 당당하고 여유롭게 지구본에 손을 올리고 있는 여왕의 모습이 인상적이다. (아래)여왕이 가장 아름답게 그려졌다고 평가받는 초상화. 자신이 통치하는 영국의 지도를 밟고 당당하게 서 있는 여왕의 우아한 모습을 통해 그녀의 특별한 지도 사랑과 지리적 상상력을 엿볼 수 있다. 폭풍우가 치는 험한 환경 속에서도 환한 햇살이 보이는 그림의 배경이 그녀가 처했던 상황을 잘 보여 주는 듯하다.

적, 학문적 전통이 깊은 이탈리아나 스페인(에스파냐)이었습니다. 영국 왕실은 프랑스와 스페인 왕족과의 결혼을 통해 동맹관계를 유지하고 문화적 유산을 전수받으며 통치 체제를 유지하는 변방의 부실한 이류 국가에 불과했던 것이지요.

엘리자베스 1세의 탁월한 지리적 감각으로 국가의 기틀이 갖춰지자 영국은 세계로 뻗어 가기 시작합니다. 이튼, 킹스, 해로우 등 전통 있는 명문 사립학교에서는 세계지리를 통해 동양에 대한 지리적 상상력을 자극했고, 해외로 진출하여 식민지를 개척하도록 준비시켰습니다. 영국은 아무리 부잣집에서 태어나도 토지나 저택 등 가문의 부동산은 첫째 아들에게만 상속되기에 둘째 이하의 아들들은 스스로 재산을 형성해 나가야만 했습니다. 즉 아무리 돈 많은 집안도 '금수저'는 단 하나이기에 참한 신부와 결혼하고 가정을 꾸리려면 아시아나 신대륙에 가서 열심히 일해 은수저든, 동수저든 만들어 와야 했던 겁니다.

척박한 땅과 비가 많이 오는 음습한 기후로 농산물도 변변치 않아 음식이 맛없기로 악명 높은 영국이었지만 그래서인지 영국인의 헝그리 정신은 더욱 강해진 것 같습니다. 영국 귀족 가문에서는 가정교사와 함께 아들들을 유럽 본토로 장기간 여행을 보내 역사의 현장에서 생생한 지역의 문화를 배우게 하는 '그랜드 투어' 열풍이 불기 시작합니다(물론 모두가 여행의 교육적 의미를 실현한 것은 아니었고, 준비 없이 나가서 돈과 시간만 허비하거나 심지어 더 망가져서 돌아오는 경우도 적지 않았습니다). 어찌 보면 부잣집 아들들 사서 고생시켜 철들게 하려는, 현장답사와 수학여행을 통한 특별한 지리 교육 프로그램은 상류층뿐 아니라 중류층으로 확산되었고, 각종 지도와 여행 준비 서적은 품위 있는 영국 가정의 필수품이 되어 갔습니다. 영국의 어머니들 사이에선 잠들기 전 침대 머리맡에서 (딸이 아닌) 아들들에게 자장가 대신 '지리 동화책'을 읽어 주는 것이 유행이었고요. 지금도 세계를 여행하는 '바나비 베어' 동화책은 영국 어린이들 사이에서 꾸준한 인기를 누리고 있습니다.

지리상의 발견을 통해 식민지를 개척하고 영토를 확장한 국가였던 네덜란드, 포르투갈 역시 본국의 영토 사이즈는 작고 위치는 변방이라는 공통점이 있습니다. 어쩌면 열악한 자연환경, 불리한 지리적 입지가 이들 나라의 국민들로 하여금 더 적극적으로 지리적 상상력을 길러 세계로 나가도록 하는 원동력으로 작용하지 않았을까요?

적도 근처 바위섬에 있는 작은 어촌에 불과했지만 무역항으로 발전하기 시작하여 세계 경쟁력 1위 국가로 부상한 싱가포르는 서울시만 한 면적입니다. 알프스 산지의 답답한 내륙국 스위스도 추운 겨울과 입지적 약점, 골짜기마다 서로 다른 전통을 발전시킨 다양한 칸톤(스위스의 주)으로 이루어진 작은 나라라는 한계를 지리적 상상력으로 극복한 대표적 국가이니, 이제 중요한 것은 국가의 면적이 아

| (위)19세기 영국의 어린이 지리책과
(아래)영국 어린이들과 함께 세계를 여행하는 바나비 베어.

니라 국민들의 지리적 상상력과 생각의 스케일이 아닐까 싶습니다.

지리적 상상력은 이처럼 더 넓은 세상으로 활동 무대를 넓혀 주기도 하지만, 다른 세계 사람들을 이곳으로 끌어들이기도 합니다. 영국에서도 지리적 상상력이 풍부한 사람들이 밀집된 지역을 꼽자면 스코틀랜드를 들 수 있습니다. 스코틀랜드는 봄과 여름의 풍경이 정말 아름다운 곳이지요. 그런데 10월부터 추적추적 가을비가 내리기 시작하면 정말 답이 없는 곳이기도 합니다. 비가 얼마나 많이 오는지…….

스코틀랜드의 명물은 괴물 네시가 살고 있다는 네스 호입니다. 괴물은 물론 뻥입니다. 폭은 좁지만 길고 깊은 단층 호수인 네스 호에 괴물이 살고 있다는 전설을 다양한 버전으로 부풀린 것이지요. 하지만 이 네스 호의 괴물을 찾아서 전 세계에서 관광객들이 찾아옵니다. 바로 스토리텔링의 힘이지요. 네스 호의 가장 아름다운 풍경을 내려다 볼 수 있는 장소라는 어커트 성은 다 부서진 작고 허름한 성입니다. 그런데 여기에 여러 가지 역사적 이야기가 덧붙여져 아름다운 풍경과 함께 찾는 사람의 상상력을 자극합니다. 각 지역과 가문마다 다른 독특한 색깔과 형태의 타탄 모직물, 백파이프의 애잔하고 아름다운 선율, 각 지역 사람들이 게일 어로 함께 노래하는 문화는 넓게 펼쳐진 푸른 초원에서 한가롭게 풀을 뜯는 양들의 평화로운 풍경과 어우러져 스코틀랜드의 전통을 지키는 중요한 지리적 상상력의 요소입니다.

반면 한국은 어떤가요? 우리도 스코틀랜드 못지않은 아름다운 경치가 있고 또 역사적 의미가 담긴 유적들도 많습니다. 예를 들어 강화만 해도 고대의 고인돌부터 고려 시대 무신정권 시절 조성된 궁궐과 성곽, 사찰과 성당, 해안을 따라 축조된 돈대까지, 정말 풍부합니다. 또 강화는 전국에서 가장 일조량이 많은 지역, 땅이 기름진 곳이라 농사도 잘되고 과일도 맛있습니다. 그러나 대부분의 돈대와 성곽은 제대로 활용되지 못한 채 방치되어 있고 다른 역사 유적도 그저 잠깐 보고 사진만 찍고 가는 걸로 끝인 경우가 많지요. 특별한 의미를 가진 용두레질 소리도 잊혀 가고 남아 있는 유적들에도 지리적 상상력을 자극할 만한 스토리가 부족한 실정입니다. 스코틀랜드는 허물어진 성조차도 네스 호의 전설을 만들어 사람들의 지리적 상상력을 자극하고 관광객을 불러 모으는데 말이지요.

북한과 남한을 합친 우리나라의 면적은 딱 영국만 합니다. 오히려 우리가 영국보다 훨씬 기후도 좋고 무엇보다 육지와 바다 모두와 연결된 반도국이라는 입지적 장점이 있지요. 지금은 분단되어 북쪽의 대륙으로 진출하는 길이 막혀 있고 서해 바다가 제대로 활용되지 못하고 있지만 말입니다. 고립된 섬나라 같은 답답한 현실에서 벗어나 우리 민족의 잠재력을 활짝 펼치려면 우리 모두가 새로운 지리적 상상력을 길러야 하지 않을까요?

침팬지 인형의
나비 효과

세계 100여 개국을 답사하고 오지를 탐험하는 것이 직업인 저에 게도 아프리카는 늘 새로운 도전입니다. 아프리카는 다양한 생명과 문화가 생동하고 발전의 잠재력이 큰 기회의 땅이기도 하지만 아직 도 전기가 들어오지 않는 곳이 남아 있을 정도로 열악한 환경이지 요. 특히 적도 부근의 열대 기후 지역에서는 인간의 생명을 위협하 는 체체파리, 말라리아 모기를 조심해야 하고, 지금도 아프리카 대 부분의 나라들에 입국하려면 황열병 예방주사를 반드시 맞아야 합 니다. 항공 교통이 발달하지 않았던 1950~60년대에는 지리적으로 가까운 유럽인들조차 생명의 위협을 감수하고 배를 타야만 갈 수 있는 머나먼 땅이었고, 2차 세계대전 직후 아프리카는 가난과 분쟁에 시달리는 검은 대륙으로 인식되었습니다.

1934년 4월 3일 런던에서 한 여자 아기가 태어났습니다. 이듬해 런던동물원에서는 새 식구가 된 새끼 침팬지를 기념하기 위해 인형을 만들어 팔았는데, 길거리를 지나던 아버지는 동물 인형을 딸의 첫 생일 선물로 골랐습니다. 침팬지 인형에 매료된 소녀는 아프리카에 가서 동물을 연구하겠다는 꿈을 꾸었고, 아프리카와 동물들에 대한 책을 읽어 나갔습니다. 어려운 가정형편으로 대학에 진학할 수는 없었지만 비서로 일하며 독학으로 침팬지 연구자로서의 소양을 쌓고, 아르바이트로 뱃삯을 모아 아프리카에 가는 데 성공합니다.

하지만 산 넘어 산이었습니다. 아프리카 내륙 탕가니카 호수 근처 곰베 지역에서 침팬지 연구를 시작하려 했지만 탄자니아 정부가 안전을 보장할 수 없다며 허가를 내주지 않았던 거지요. 결국 어머니가 보호자로서 현지 조사에 함께한다는 조건으로 간신히 연구를 시작할 수 있게 되었습니다. 닭이 어떻게 알을 낳는지 궁금한 어린 딸이 말없이 사라졌다가 한참 후 닭장 속에서 발견되어도 꾸짖지 않고 '여자라서 못 할 일은 없다'고 딸을 응원하던 여장부 어머니가 만사를 제쳐두고 달려온 덕분이었습니다. 열악한 환경 속에서 제대로 먹지도 씻지도 못하고 고군분투하던 그녀였지만 언제 연구를 중단

해야 할지 모른다는 압박감에 시달려야 했습니다. 고졸 학력의 20대 여성에게 선뜻 연구비를 지원하겠다고 나서는 기관이 없었기 때문이지요.

연구비가 끊기기 직전 기적이 일어났습니다. 침팬지가 도구를 사용하는 장면이 그녀에게 포착되었고 이는 인간에 대한 정의마저 바꾸는 학문적 성취로 이어졌습니다. 미국의 《내셔널 지오그래픽》은 아프리카 오지에서 홀로 연구하며 침팬지와 자연스럽게 소통하는 미모의 여성 과학자에게 주목하고 그녀의 과학적 발견을 대서특필했습니다. 케임브리지 대학에서 박사학위를 받고 세계적인 동물학자로 인정받은 그녀는 안락한 교수 생활에 만족하고 스타 과학자의 명성을 누리기보다는 새로운 삶에 도전했습니다. 자신의 연구 대상이자 가족이기도 한 침팬지의 생명이 위협을 받고 지역 주민들이 굶주리는 상황을 외면할 수 없었던 것입니다. 이후 그녀는 40년 넘게 아프리카에 희망을 심고 지구 환경을 보호하는 일에 헌신해 오고 있습니다.

지금도 제인 구달은 어린 시절 침팬지 인형을 품에 안고 1년에 300일 이상 비행기를 타고 거의 매일 이동하는 고단한 생활을 기꺼이 감수하고 있습니다. 낡은 스웨터를 입고 홍차 한 잔과 토스트 반쪽으로 한 끼를 때우며 빡빡한 일정을 소화하는 그녀를 보면 저절로 고개가 숙여집니다. 국립생태원 초대 원장인 동물학자 최재천 교수도, 유기견을 보호하고 소외 계층을 돕는 일에 앞장서는 연예인 이효리 씨도 제인 구달과의 만남을 통해 인생이 바뀌었다고 고백합니다. 침팬지 인형에서 시작된 제인 구달의 나비 효과가 세상에 퍼지고 있는 것이지요.

누구에게는 멀고 가난하고 위험하기까지 한 땅인 아프리카이지만, 제인 구달에게는 그곳이 가장 빛나는 무대, 나만의 공간이었던 셈입니다. 여러분, 테레사 수녀님이 원래 지리 선생님이었던 것을 아시나요? 알바니아 출신으로 인도의 여학교에서 수녀 교사로 역사, 지리를 가르치며 가난하고 고통 받는 사람들에 대한 공감 능력을 길렀던 것입니다. 그리고 지리적 상상력을 발휘해 자신에게 가장 어울리는 장소를 선택합니다. 다른 사람에게는 어떨지 모르지만, 가난하고 어려운 사람들이 많은 캘커타(콜카타)가 바로 수녀님에게는 자신이 가장 빛날 수 있는 중심 무대였던 것입니다. 이처럼 내가 치유될 수 있는 공간, 내가 자랄 수 있는 공간, 내가 나답게 살 수 있는 나만의 공간은 저마다 다릅니다.

성공이란 무엇일까요? 여러 가지 입장이 있겠지만, 저는 성공한 삶이란 그 사람의 꿈과 사랑이 담긴 행복한 공간이 넓어지는 것이라 생각합니다. 또 사람은 가도 그 사람을 추억할 수 있는 공간은 남습니다. '더바디샵THE BODY SHOP'을 만든 아니타 로딕(1942~2007)은

| 제인구달연구소에서 만든 바나나 든 침팬지 인형 'Mr. H 주니어'. 인형의 판매 수익금은 '뿌리와 새싹 프로그램(Roots & Shoots Program)'을 위해 사용된다. '뿌리와 새싹'은 청소년을 위한 환경 운동 프로그램으로, 1991년 탄자니아에서 16명의 젊은이가 모여 시작돼 현재 120여 개국 수십만 개 모임이 세계적인 네트워크를 이루고 있다. 전 세계 어디든 제인 구달이 가는 곳이면 이 침팬지 인형들이 함께 출동한다.

사업적으로 굴곡도 겪었고 사람은 이미 이 세상에 없습니다만, 제3세계의 가난한 사람들을 돕고 아름다운 변화를 이끌어 내고 싶었던 아니타 로딕의 나비 효과는 현재 진행형입니다. 그녀의 열정과 영혼이 담긴 공간이 여전히 남아 있을 뿐만 아니라 그녀가 꿈꾸던 세계는 계속 확장되고 있습니다. 이제 누구나 화장품 하나를 만들어도 친환경적이고 윤리적으로 만들어야 한다는 생각에 공감합니다. 사람은 가도 그의 꿈과 꿈이 깃든 공간은 이처럼 전 세계로 확장되고 있습니다.

어찌 보면 예술가든 사업가든 학자든 어느 분야에서 성공을 거둔다는 것은 자신의 공간을 늘려 가는 것인지도 모릅니다. 이어서 소개할 여러 인물들은 바로 그런 점에서 높이 평가되는 인물들입니다. 그들에게 붙은 최연소, 최초, 최고 등의 수식어가 중요한 것이 아닙니다. 이들은 자신이 행복한 공간을 찾아 떠나는 용기를 냈고, 방황 속에서도 그 공간을 찾기 위해 노력했고, 자신이 원하는 공간에서 행복하게 일했습니다. 성공은 그 결과로 자연스레 찾아온 것이지요. 자신이 행복한 곳에서 자신이 좋아하는 일을 계속 열심히 하다 보면, 그 일을 점점 더 좋은 조건 아래서 하게 되지 않겠습니까?

세기의 요정 오드리 헵번의 사진은 전 세계 곳곳에 붙어 있습니다. 하지만 동시대 라이벌 배우였던 엘리자베스 테일러의 사진이 붙어 있는 곳은 찾기 힘듭니다. 이렇게 사람들은 오드리 헵번을 기억하고 싶어 합니다. 왜 사람들은 그녀를 기억하고 싶은 걸까요? 다른 여배우들이 화려한 할리우드에서 성형에 집착할 때, 그녀는 자신이 가장 빛날 수 있는 장소를 찾아 아프리카로 갑니다. 한 사람이 어디에 있었느냐, 그것은 이토록 중요한 문제입니다.

　이어지는 2부에서는 지리적 상상력을 발휘해 자신만의 공간을 잘 선택하고 용기 있게 이동해 세상에 나비 효과를 퍼뜨리고, 삐삐처럼 즐겁고도 당차게 삶을 개척한 인물들을 소개하겠습니다.

너무 일찍 세상을 떠난 아니타 로딕의 나비 효과를 확산시킬 수 있을까요? 그녀의 고향에 있던 '더바디샵' 관련 공간이 사라지고 지역 경제가 침체되어 가는 안타까운 상황을 역전시키는 나비마법 제안! 영국 남부의 사진 찍기 좋은 예쁜 해안도시, 리틀햄튼을 방문해 그녀의 흔적이 남아 있는 장소를 찾아가는 착한 여행자가 되어 보는 건 어떨까요?
QR 코드를 통해 아니타 로딕의 고향 풍경과 '더바디샵' 본사의 모습을 볼 수 있습니다.

2부

나비처럼, 삐삐처럼 벽을 넘은 사람들

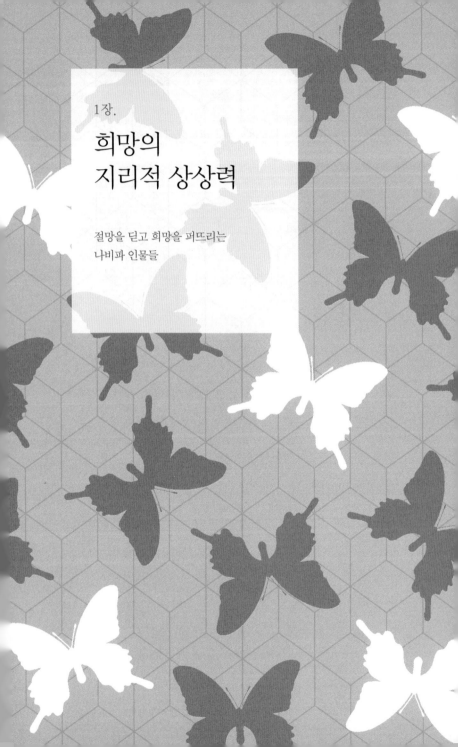

1장.

희망의
지리적 상상력

절망을 딛고 희망을 퍼뜨리는
나비파 인물들

나방은 천적을 피해 어두운 밤에 움직인다.
그런데 천적이 득실대는 환한 대낮에
겁도 없이 여기저기 돌아다니던 나방이 있었다.
그 '미친' 나방이
나비가 되었다.
나비도 원래는 나방이었다.

리더에게
더 필요한
지리적 상상력

　　요즘 공무원을 꿈꾸며 시험을 준비하는 사람들이 많다고 합니다. 공무원은 영어로 '공공의 하인public servant'입니다. 판검사, 교사부터 9급 공무원까지 모든 공무원을 선발하고 채용할 때 지식과 암기력만 측정하기보다는, 그동안 그 사람이 얼마나 힘든 상황에서 계속 도전하고 성취해 왔는지, 지역 사회와 나라를 위해 어떤 봉사를 해 왔는지, 캄캄한 절망 속에서도 희망을 제시할 수 있는 상상력과 비전이 있는지가 중요한 평가기준이 되었으면 좋겠습니다. 군수, 시장, 도지사, 국회의원, 대통령 등 국민을 대표하여 권력을 행사하는 정치인을 투표할 때도 그들의 역사관뿐 아니라 세계관, 공간적 경험,

지리적 상상력까지도 함께 검증했으면 좋겠습니다. 어떤 국가를 바람직한 모델로 생각하고 있는지, 얼마나 다양한 지리적 경험을 하고 고난과 실패를 극복해 왔는지, 그리고 모두를 위해 더 나은 세계를 상상하고 그 꿈을 실현하기 위해 구체적으로 어떤 노력을 해왔는지를 말입니다.

언젠가 한 항공사 간부가 안하무인의 태도로 사회적 물의를 일으켰습니다. 외국의 명문대를 졸업하고 회사를 위해 일한다고 열심히 출장을 다닌 것도 소용없이, 결국 모두에게 폐를 끼친 셈이지요. 이제는 회사에서 인재를 채용할 때 학벌이나 배경뿐 아니라 태도나 인성도 중요한 기준으로 삼아야 할 것 같습니다. 하지만 더 중요한 것은 그 사람이 꿈꾸는 세계, 꿈꾸는 변화의 방향이 아닐까요? 지리적 상상력이 아무리 좋아도 목표와 방향이 옳지 못한 곳으로 향하면 이 또한 위험한 일이기 때문입니다.

세계 최강의 나비파 지도자, 프란치스코 교황

2004년 아르헨티나의 수도 부에노스아이레스의 한 나이트클럽에서 한밤중에 큰 불이 났습니다. 175명이 사망하고 수백 명이 심각한 부상을 입은 대형 참사였습니다. 화재가 발생한 현장에 베르골료

추기경(프란치스코라는 이름은 교황으로 선출되었을 때 가난한 사람들을 잊지 말라는 아시시의 성자를 떠올리며 정하신 이름입니다. 가톨릭 사제들은 신분이 달라질 때마다 자신이 닮고 싶은 선배님의 이름을 좇아 개명할 수 있습니다)이 등장했습니다. 아직 소방차도 응급 구호차도 도착하지 않았는데 빈민가 어두운 골목길을 지나 달려온 가톨릭 사제, 왠지 어색하지 않나요?

성직자가 환락적인 나이트클럽의 위치에 빠삭하다니, 더군다나 바람처럼 달려오다니, 과거의 행적이 좀 수상하지 않나요? 사실은 젊은 시절 아르바이트로 나이트클럽 경비를 잠깐 해보셨고, 또 평소 빈민가를 자주 방문해 미사를 집전했기에 그곳의 지리에 익숙했을 뿐입니다. 화재 현장에서 고통 받는 젊은이들을 한 명이라도 더 구하려고 정신없이 뛰어다니신 교황님은 나이트클럽 불법 영업을 철저히 단속하지 않은 정부와 관련 공무원을 강하게 비판하고 지속적인 개혁과 부패 청산을 요구했습니다.

교황님의 특이한 공간적 취향과 파격적인 공간적 의사 결정은 로마 중심부 바티칸에서도 계속됩니다. 청빈·겸손·소박함의 대명사인 '아시시의 성 프란치스코'를 선택할 정도로 "가난한 자들을 위한 가난한 교회"를 지향하겠다는 의지를 보인 교황님은 교황 선출 투표가 끝난 후 고급 승용차가 아닌 미니버스를 타고 이동했고 지금도 화려하고 안전한 바티칸 교황청 내부가 아닌 로마 시내에 있는 허름한 성 마르타 숙소에서 생활합니다.

　교황의 자리에 앉은 후 선정한 첫 방문지도 예사롭지 않습니다. 튀니지로부터 불과 120킬로미터 거리에 있어 유럽으로 향하는 아프리카 이민자들이 몰려드는 이탈리아 최남단 람페두사 섬을 선택한 것이지요. 이민자들은 대개 구명조끼 등 기본적인 안전 장비도 없이 식량과 물 부족에 시달리며 정원을 넘긴 배를 타고 밀항을 시도했고, 그래서 이민자들이 목숨을 잃는 비극이 자주 발생하는 위험한 곳이었습니다. 2013년 7월 8일, 교황님은 비록 유럽에 있지만 지도에도 나오지 않는 숨겨진 변방으로 가서 불법 이민자 수용소에서 미사를 집전했습니다. '이곳에서 계속 심장이 가시로 찔리는 듯 고통스러웠다'고 말씀하시며 이웃의 고통에 무관심한 세태에 슬퍼하고 양심의 각성과 형제애를 촉구했습니다. 교황님도 조부모 대에 더 나은 삶을 찾아 고향 이탈리아를 떠나 아르헨티나로 이주한 가정 출신이기에, 난민과 이주민의 고통을 그 누구보다 깊게 느끼는 것 같습니다.

　나비처럼 조용히 등장해서 세상에 희망을 전파하는, 13억 가톨릭 신자를 이끄는 영적인 지도자 프란치스코 교황님! 전 세계에서 그분의 인기는 식을 줄 모릅니다. 이탈리아뿐 아니라 미국, 필리핀, 브라질, 우루과이 등 이분이 가는 곳마다 천주교 신자들이 구름처럼 몰려들고 바티칸을 찾는 방문객이 늘어나 '프란치스코 효과'라는 신조어까지 등장했습니다. 무엇보다 교황님을 직접 만난 사람들은 이분의 포근함과 인자한 미소에 매료되어 선한 인생을 살고 싶은 마음이 저절로 든다고 하네요. 한국을 방문한 98시간 동안 경차와 KTX를 타고 이동하며 세월호 희생자 가족의 상처를 위로하여 우리에게 큰 감동을 주었습니다. 수십 년간 냉랭했던 쿠바와 미국의 사이도 좋게 만들고 어디를 가든 평화의 씨앗을 심는 교황님의 저력은 도대체 어디서 나오는 걸까요? 나비파 지도자, 교황님의 어린 시절은 어떠했고 그동안 어디서 어떤 경험을 해왔을까요?

탱고의 발상지 부에노스아이레스에서 태어난 교황님은 밝고 경쾌한 밀롱가 춤을 추는 것을 좋아하고 축구 경기를 즐기는 평범한 어린이었습니다. 어머니가 몸이 약해서 어릴 때부터 스스로 밥도 해 먹고 집안일도 형제들과 나눠서 해야 했습니다. 중학교에 들어가자 공장에서 허드렛일을 하는 아르바이트를 했습니다. 매일 아침 일찍 공장으로 출근해 오후까지 일하다가 저녁에 학교에 가서 공부하는 고단한 애벌레 시절을 보냈지만, 이때 경험한 노동이 사제로 봉사하는 데 도움이 많이 되었다고 합니다. 아르바이트를 통해 다양한 세상 경험을 하고 또 짝사랑에 가슴 아파 본 적도 있다고요. 일본으로 선교하러 가겠다는 꿈을 품고 사제의 길로 들어섰지만 장애물이 많았습니다. 20대 초반 장기간 병원에 입원하여 폐의 일부를 잘라내는 큰 수술을 받아야 할 정도로 몸이 많이 아팠던 교황님은 교회를 야전병원에 비유하며 변방과 현장의 중요성을 강조합니다.

"변방은 많은 곳에 있습니다. 병원에 살고 있는 수녀들을 생각해 봅시다. 그들은 변방에 삽니다. 저는 그들 중의 한 수녀 덕분에 살았습니다. 병원에 폐 질환으로 입원했을 때 의사가 페니실린과 스트렙 토마이신 항생제를 처방했습니다. 그런데 저를 간호했던 담당 수녀 가 약을 세 배로 썼습니다. 수녀는 대담하게 민첩한 결정을 내렸던 것입니다. 온종일 아픈 사람들과 있었기에 어떻게 해야 할지 알았던 것입니다."

비록 선교사의 꿈을 접고 아르헨티나에 남아야 했지만 교황님의 지리적 상상력은 언제나 세상의 오지와 변방으로 향했습니다. 가난 하고 고통 받는 약자들을 먼저 떠올리고 그들이 있는 현장으로 달려 가는 교황님에게 가난과 고통은 추상적인 단어가 아니라 구체적으 로 만질 수 있는 생생한 체험입니다. 부에노스아이레스 교구장 재임 시절에도 '안이하게 교구 일에만 머무는 교회'가 아니라 새로운 모 험처럼 '길 떠나는 교회'에 대한 비전을 강조하였습니다. "기름은 기 름병 안에 머물러 향기만 풍기라고 있는 게 아니고, 현실의 가장자 리까지 퍼져 나가 한계상황에 부딪쳐 흠뻑 적시고 흘러내릴 때 의미 가 있는 거라고, 기름을 담아만 두면 찌들고 마음을 쓰라리게 만들 뿐"이라고요.

언제나 움직이는 교회, 열린 공동체를 지향하는 멋쟁이 나비파 지도자! 화려한 중심부가 아닌 초라한 변방에 더 많은 관심을 갖고 고통 받는 사람들, 감옥에 갇힌 사람들, 병든 사람들, 굶주리고 목마르고 낯설고 헐벗은 사람들, 슬프고 외로운 사람들을 위로하고 함께하시는 교황님은 미혼모와 그 아이들에게 특별한 관심과 애정을 보입니다. 법적으로 결혼하지 않은 부부에게서 태어난 아이에게 세례를 주지 않는 사제들을 '위선자'라고 꾸짖고 세상이 이들을 거부하더라도 교회는 이들을 더 따뜻하게 안아 줄 것을 호소합니다.

산 미겔 신학교 학장으로 재임할 당시에도 신학생들에게 학교 안에만 머물지 말고 다양한 사람들을 만나라고 가르쳤습니다. 심지어 강의 시간을 저녁으로 옮겨 신학생들이 더 많은 시간을 거리와 성당에서 보내도록 배려할 정도였습니다. 신학교 학장인 자신도 학사 업무를 보고 미사를 주재하는 한편 자신의 옷을 직접 세탁실에서 빨고 제자들에게 음식을 대접했고, 틈틈이 병원과 감옥을 들락날락하며 환자와 죄인들을 가까이했습니다. 아르헨티나에서 군부 독재, 나날이 커지는 빈부 격차 등 중남미의 여러 문제들을 직접 목격하고 경험해 온 교황님은 '수의에는 호주머니가 없다'는 할머니의 말씀을 지금도 늘 가슴에 품고 산다고 합니다. '돈보다 사람이 우선인 사회'를 꿈꾸며 교황이 누릴 수 있는 특권을 내려놓고 청빈한 삶을 실천하여 우리에게 더 큰 감동을 주는 분이기도 합니다.

감옥은 지리적 상상력 특별 훈련소?

리더가 누구인가에 따라 그 리더가 이끄는 조직의 성격이 확 달라집니다. 국가도 마찬가지입니다. 엘리자베스 1세 여왕이 영국의 국운을 바꾼 것처럼 말입니다. 요즘 화제가 되고 있는, 세계에서 가장 인기 있는 대통령은 누구일까요? 세계 최강국 미국을 이끄는 오바마 대통령이나 현대판 차르 황제로 불리며 러시아를 통치하는 푸틴이 아닙니다. 최근 '세계에서 가장 가난한 대통령'으로 불리며 남미의 작은 나라 우루과이에 희망을 심고 세계인이 부러워하는 나라로 만든 지도자, 바로 호세 무히카 전 우루과이 대통령입니다.

대통령 재임 시절 월급의 90%를 가난한 사람들을 위해 기부하고, 노숙자에게 대통령궁을 내주는 등 검소한 삶을 실천한 대통령이었지만 그의 재임 시절 우루과이 경제는 높은 성장률을 기록했습니다. 고등학교 졸업장도 없는 게릴라 전사에서 국민들에게 사랑받는 대통령이 되기까지 걸어온 여정은 험난한 가시밭길의 연속이었습니다. 전 재산이라곤 1987년식 낡은 자동차 한 대, 아내와 함께 마련한 허름한 농가 한 채에 불과한 그는 지금도 몬테비데오 외곽의 시골 마을에서 (나비파 지도자답게) 꽃을 재배하며 살고 있습니다. 평생의 정치적 동반자인 아내와 함께 다리를 절뚝이는 강아지 한 마리를 기르면서요.

1935년 우루과이 수도 몬테비데오에서 태어난 무히카 대통령은 여덟 살 때 세계경제공황의 여파로 가족 농장이 파산하고 몇 달 뒤 아버지가 돌아가시는 불행을 겪습니다. 이탈리아 이민자 출신인 어머니를 도와 글라디올러스 꽃을 길러 시장에 내다 파는 노동자로 일하며 역사, 문학, 철학 책을 읽으며 교양을 쌓았습니다. 매년 여름방학이 되면 무히카의 어머니는 어린 아들을 시골의 외가에 보냈는데, 할아버지에게 농사일을 배우고 이탈리아의 따뜻한 가족 문화를 체험하는 행복한 기회였다고 그는 추억합니다.

비록 가난으로 고등학교도 제대로 졸업하지 못했지만, 땅을 일구고 꽃을 팔아 생계를 유지하는 가운데 농사에 필요한 생물학, 생화학을 독학하며 세상을 이해하고 소통하는 방법도 함께 배웠습니다. 그는 식물조차도 햇볕을 가장 많이 받을 수 있는 방향을 찾으며 하루 종일 움직이고 있음을 깨닫고 사람도 늘 깨어서 적극적으로 움직이고 성장해야 한다는 생각을 갖게 됩니다. 그는 친구들과 자전거를 타고 주변 지역을 여행하며 다양한 세상을 만나게 되었고 나중에는 쿠바까지 가서 전설적인 지도자, 체 게바라를 만나 가난한 사람들에 대한 그의 열정에 감화를 받습니다.

1973년 우루과이에서 군사쿠데타가 일어난 이후 12년간 군사독재가 지속되는 암울한 시기에 투쟁하다 그는 독방에서 13년간 수감 생활을 해야 했습니다. 중간에 여러 차례 탈옥을 시도하다 다시 수

감되기도 했습니다만 무히카 대통령은 돌이켜 보면 인간은 좋은 날보다 고통으로부터 더 많이 배우는 것 같다고 고백합니다. 감옥에서 보낸 시간은 그가 대통령으로 많은 이들을 이해하고 포용하는 데 큰 도움이 되었고, 특히 독방에서 7년간 독서를 금지당한 동안에 사고가 깊어지고 (지리적) 상상력도 집중적으로 길러졌다고 합니다. 차가운 감옥에서 절망의 시간을 홀로 견딘 무히카 대통령은 그저 매트리스 한 장만으로도 행복해지는 법을 배우고, 세상을 아름답게 변화시키는 진정한 나비로 거듭나는 특별한 훈련을 받은 셈입니다.

1985년 그러니까 50세에 국제사면위원회의 도움으로 석방된 이후 아내 루시아와 함께 일을 해 모은 돈으로 텃밭이 딸린 작은 집을 갖게 됩니다. 2010년 65세에 우루과이 제40대 대통령으로 취임한 이후 재임기간 내내 우루과이 사회의 불평등을 줄이고 경제를 성장시키고, 참된 행복의 가치를 몸소 보여 주었습니다. 그가 2012년 UN 지속가능발전정상회의에서 한 연설은 유명하지요. 역시 남미 출신으로 그와 스타일이 비슷한 프란치스코 교황을 바티칸에서 알현하기도 한 그는 세계에서 가장 인기 있는 대통령으로 부상했습니다.

무히카 대통령은 말합니다. 진정한 자유는 적게 소비하는 것이고, 많은 것을 소유하려 하지 않는다면 나 자신을 위한 시간을 더 많이 가질 수 있다고. 돈이 아닌 꿈, 시간, 사랑의 중요성에 대해 이야기합니다. 어떤 상황에서든 인생은 처음부터 다시 시작할 가치가 있다고, 인생은 놀라운 모험이니 스무 번쯤 다시 시작해도 된다고, 우리의 지친 어깨를 다독여 주는 할아버지이기도 합니다. 진짜 패배자는 싸우기를 포기한 사람이라고요. 우리가 꿈꾸기 시작하는 순간 인생 역전의 기회는 언제든 다시 올 거라고요.

'삶은 놀라운 모험'이라고 상상하면, 우리는 매 순간을 다른 방식으로 바라볼 수 있게 된다고 그는 이야기합니다. 인간과 침팬지의 유전자는 1.5% 정도만 다르고, 개, 돼지, 고양이 같은 동물도 인간과 본질적으로 크게 다르지 않은데, 그 유일한 차이란 인간은 자기 삶을 스스로 변화시키고 자신의 공간을 가꾸어 갈 수 있는 능력이 있다는 것이라고 보았습니다. 인간은 지리적 상상력을 통해 자기 삶의 공간을 리모델링할 수 있고, 자신이 속한 사회 역시 부분적으로 바꾸어 나갈 능력이 있다는 것이지요. 무히카 대통령은 독서, 여행, 교육을 통해 누구나 변화될 수 있고 변화된 사람들의 힘이 모여 세상도 바꿀 수 있다고 믿었습니다. 그리고 자신의 삶으로 이를 증명해 보였습니다.

여러분도 무히카 대통령을 만나러 우루과이에 한번 가보고 싶지 않으세요? 그는 비록 시골에서 소박한 삶을 살고 있지만 홍보비 한 푼 들이지 않고 우루과이의 관광산업을 활성화시킨 일등 공신인 셈입니다. 대통령은 한 나라를 넘어 전 세계에 선한 영향력을 행사할 수 있는 자리이기에 대통령직을 봉사의 기회로 여기는 겸손한 사람이 정치 지도자가 되면 참 좋겠습니다. 가난하고 고통 받는 삶에 대한 공감은 아무나 할 수 있는 일이 아닙니다. 자신이 스스로 아파 보고 또 눈물을 흘려 봐야 힘없고 고통 받는 사람들의 입장을 이해하고 이들을 위한 정치를 할 수 있지 않을까요?

우리나라에서 고위공직자나 대통령 출마자의 역사관을 검증하는 일은 필수적인 과정인 것 같습니다. 과거에 대한 인식도 중요하지만 우리나라의 지도자가 되려는 사람이 그동안 어떠한 길을 걷고 얼마나 다양한 공간적 경험을 해왔는지, 특히 앞으로 어떤 세상을 꿈꾸고 있는지, 지도자의 지리적 상상력을 검증해 볼 필요가 있지 않을까요? 특히 대통령은 국가의 운명을 좌우하는 아주 중요한 자리니까요.

‖ 호세 무히카 어록 ‖

"감옥에서 나는 7년 동안 독서를 금지당했다. (나중에 깨닫게 된 것인데) 내가 후에 해낸 많은 일들은 그때 책을 읽을 수 없어서 생각하고 생각하고 또 생각했던 것들의 결실이었다. 참 신기한 일이다. 인간은 때때로 좋은 날들보다 고통으로부터 더 많이 배우는 것 같다."

"나의 라이프스타일은 내 상처의 소산이다. 나는 내가 겪은 역사의 아들이다. 내게는 매트리스 한 장으로도 행복했던 시절이 있었다."

"내가 젊은이들에게 줄곧 반복하는 얘기는, 진짜 패배자는 싸우기를 포기한 사람이며, 어떤 상황에서건 인생은 처음부터 다시 시작할 만한 가치가 있다는 것이다. 인생은 놀라운 모험이다. 스무 번쯤은 다시 시작해도 된다."

"천 번을 넘어질 수 있지만 중요한 건 용기를 내서 다시 시작하는 것이다. 리스타트! 세상엔 딱 한 종류의 실패자들이 있는데, 이는 싸우기와 꿈꾸기와 사랑하기를 포기한 사람들이다."

"사랑은 꼭 필요한 것이다. 하지만 일종의 도피처가 되기도 한다. 나는 아주 많이 사랑했다. 그리고 아주 많은 사랑을 받았다."

"당신이 많은 것을 소유하려 하지 않는다면, 그것을 유지하기 위해 노예처럼 일하지 않아도 되며, 따라서 당신 자신을 위한 시간을 더 많이 가질 수 있다."

"진정한 자유는 적게 소비하는 것이다."

"내가 무언가를 살 때 그것은 돈으로 사는 것이 아니다. 그 돈을 벌기 위해서 쓴 시간으로 사는 것이다. 이 시간에 대해 인색해져야 한다. 시간을 아껴서, 정말 좋아하는 일에, 우리에게 힘이 되는 일에 써야 한다."

"우리는 앉은 채로 일만 하면서 알약으로 불면증을 해소하고 전자기기로 외로움을 견디는 삶과 마주하고 있습니다. 묘지와 장례, 출산, 아버지, 어머니, 조부모와 삼촌까지도 모두 상품화되어 시장에 나와 있습니다. 모든 것이 비즈니스가 되어 가고 있습니다. 현대인들은 금융가와 에어컨이 설치된 사무실의 권태 사이에서 방황하기 일쑤입니다. 그러면서 늘 휴가와 자유를 꿈꿉니다. 끊임없이 책임에서 벗어나기를 꿈꾸다가 어느 날 심장이 멈추고 그다음엔 '안녕'입니다."

내가 행복한 곳으로 가라

미국의 운명을 바꾼 한 대통령 어머니의 여정

무히카 못지않게 지리적 상상력이 풍부한 정치인은 미국의 오바마 대통령입니다. 그는 부시 전 대통령과는 전혀 다른 지리적 경험을 해왔습니다. 대통령이 되기 전엔 미국 밖으로 한 번도 나가 본 적이 없다는 부시가 대통령이 된 이후 미국은 국제 정치계에서 따돌림을 당했습니다. 특히 명분 없는 이라크 침공으로 국제적 비난을 받던 차에 뉴욕을 상징하는 빌딩이 폭격을 당하는 9.11 테러가 발생했습니다. 그는 국토 안보부를 신설하고 이슬람 국가들에 대한 경계를 강화했습니다. 선량한 방문객들조차 공항에서 테러범처럼 수색을 당하는 불편함을 감수해야 했고, 미국은 외교적으로 더욱 고립되었습니다. 미국은 전쟁을 일으키고 조장하는 국가로 낙인 찍혔고, 특히 중동 국가들의 반미 감정이 거세졌습니다.

최악으로 전락한 미국의 이미지를 한 방에 만회시킨 정치 신인이 바로 미국 최초의 흑인 대통령 버락 오바마입니다. 어린 시절 그의 인생은 흉터투성이였고 가족 관계도 복잡했지만, 결국 그 모든 것이 대통령이 되는 데 큰 도움이 되는 정치적 자산이 되었습니다. 오바마 대통령의 험난하지만 특별한 인생 경로를 지리적으로 한번 추적해 볼까요?

우선 하와이에서 아프리카 흑인 출신 아버지와 백인 어머니 사이에서 태어납니다. 미국 본토가 아니라 하와이라는 점 때문에 미국에서 태어나지 않았다는 오해를 받기도 합니다(미국 사람들이 지리에 약하다는 이야기는 앞에서도 잠깐 언급했지요). 지금은 많이 나아졌지만 오바마가 어렸을 때 미국은 흑인에 대한 차별이 심했습니다. 보수적인 지역에서는 버스 좌석에도 흑인과 백인의 자리가 구별되어 있을 정도였지요. 당연히 흑인과 백인의 결혼은 환영받지 못했지요. 더군다나 아버지가 아프리카 출신이었으니……. 오바마의 어머니는 사랑의 감정에 충실하고 금기에 도전하는 용감한 여성이었던 것 같습니다. 하지만 두 사람의 사랑은 오래가지 않고 아버지는 아프리카로 돌아가 버립니다.

오바마의 어머니는 지리적 상상력이 풍부한 낭만적 이상주의자였습니다. 오바마의 아버지와 헤어진 후에도 좌절하지 않고 대학원에서 인류학 공부를 계속합니다. 현지 연구 지역으로 인도네시아를 선택하여 어린 아들을 데리고 가지요. 인도네시아는 인구 2억 4천만이 넘는 대국으로 반둥 회의 등이 개최될 정도로 제3세계 외교의 중심지였습니다. 그녀는 자바의 농촌 지역 빈민 여성들을 돕기 위한 프로젝트에 관여하고 그 경험을 살려 박사논문을 썼습니다. 그녀는 인도네시아 출신 지리학자와 재혼하고 오바마의 여동생이 태어납니다. 어린 오바마는 외국 대사관이 밀집한 자카르타 외교 중심지 멘텡에서 초등학교를 다녔습니다. 지금도 이곳 초등학교에는 나비를 잡고 있는 천진난만한 표정의 어린이 오바마 동상이 그를 기억하는 인도네시아 친구들에 의해 세워져 있습니다.

인도네시아는 세계 최대의 무슬림 국가이기도 합니다. 어린 시절 오바마는 자카르타에서 생활하면서 무슬림의 세계를 자연스럽게 경험하고 무슬림 문화의 다양성을 이해하게 되었겠지요. 1년에 한 번 가난한 사람들의 처지에 공감하기 위한 종교 행사인 라마단의 경험뿐 아니라 코란을 외우는 확성기 소리를 들으며 하루에 다섯 번씩 메카를 향해서 기도하는 친구들과 함께 생활하면서 말이죠.

어린 시절의 다양한 지리적 경험은 그가 세계를 리드하는 미국의 대통령이 되는 데 큰 도움이 됩니다. 우선 흑인을 비롯해 미국의 많은 유색 인종이 그를 지지했고, 대통령이 된 이후 전 세계가 진심으로 기뻐한 것이지요. 아프리카에서는 아프리카의 아들이 대통령이 되었다고 축하하고, 중동을 비롯한 이슬람 문화권에서는 어린 시절 무슬림 문화를 체험한 그에게 호의적이었습니다. 인도네시아를 비롯한 동남아 지역은 말할 것도 없었고요. 태국 방콕의 기념품점에서 오바마 양말이 불티나게 팔릴 정도였으니까요.

이후 미국 내에서의 공간적 의사 결정도 아주 탁월했습니다. 다시 하와이로 돌아와 외할머니의 도움을 받아 사립학교를 졸업하고 아메리칸 대학을 거쳐 보스턴의 하버드대에 진학합니다. 조금씩 실력을 쌓아 중심지로 차근차근 옮겨 간 것입니다. 명문대 로스쿨 졸업 후 법률가로서 돈을 많이 벌 수 있는 장소보다는 더 많은 흑인들을 돕고 자신을 알릴 수 있는 시카고 지역으로 과감히 이동합니다. 흑인 인구가 많았던 그곳은 오바마 대통령에게는 일과 사랑, 두 마리 토끼를 다 잡은 행운의 장소입니다. 정치인 남편을 제대로 내조할 수 있는 똑똑하고 능력 있는 아내 미셸을 만난 것이죠.

그는 자신이 가장 빛나는 장소를 선택하여 과감히 이동할 줄 아는 정치인이었고 결국 대통령에 당선되어 백악관이 있는 미국 정치 중심지, 워싱턴 DC에 당당하게 입성합니다.

| 버락 오바마가 어린 시절 다녔던 인도네시아 자카르타의 초등학교 교정에 있는 어린이 오바마의 동상. 천진한 표정으로 하늘을 향해 뻗은 손끝에 나비가 앉아 있다.

걸림돌을 디딤돌로,
역전의 조건

알리바바 마법의 주인공 마윈

요즘 청소년들의 장래 희망 중에는 '부자'가 압도적으로 많다고 하네요. 또 부자 아버지를 두어 태어나자마자 부자인 사람을 '금수저'라 하며 부러워하고요. 하지만 부자 아빠가 없어도, 비록 '흙수저'라도 상관없습니다. 불리한 환경에서도 지리적 상상력으로 꿈을 이루고 부자가 된 사람들이 의외로 많습니다.

중국의 마윈은 새로운 시대의 부자를 대표합니다. 자신이 평범했기 때문에 성공할 수 있었다고 말합니다. 부모님은 가난한 분이었

내가 행복한 곳으로 가라

고 그도 지방대 영문과를 삼수해서 겨우 들어갔습니다. 작은 키에 비쩍 마른 몸매, 얼굴은 외계인 같습니다. 컴퓨터도 잘 모르고 대학에서 경영학을 전공한 적도 없습니다. 하지만 그는 평범한 중국 사람들의 마음을 누구보다 잘 이해했고 무엇보다 자신의 주변 사람들을 잘살게 해주고 싶었습니다.

알리바바 마법의 시작은 학창시절 좋은 지리 선생님을 만난 것이었습니다. "지리를 열심히 공부하는 것도 중요하지만 영어도 함께 잘해야 한다. 외국인이 중국에 와서 관광명소를 돌아볼 때 네가 아무리 지리를 잘 알아도 설명을 못 해주면 부끄러운 일 아니겠느냐." 평소 열정적으로 학생들을 가르치던 젊은 여선생님 말씀에 마윈은 큰 감명을 받았다고 합니다. 그날 당장 영어 방송을 들을 수 있는 중고 라디오를 사고 주변의 외국인이 많이 오는 관광명소에 나가 자연스럽게 영어회화 연습을 했다고 하니, 그 실행력이 대단하지 않나요? 이어 중국에서 무료로 관광 가이드를 해준 호주의 한 부부와 펜팔을 하면서 양부모의 인연을 맺은 그는 일찍부터 서구 세계의 문화를 자연스럽게 배워 나갔습니다.

대학 졸업 후 그는 대학의 영어 강사로 5년간 일했고 영어는 잘하지만 일거리가 없는 주변 사람들을 돕기 위해 작은 회사를 차렸습니다. 영어 번역을 필요로 하는 서구 세계 사람들과 접촉하면서 그는 인터넷을 통해 변방의 작은 도시가 세계와 바로 연결될 수 있다는 것을 알게 됩니다. 마치 알리바바의 마법처럼 말이죠. 많은 사람들의 꿈이 이루어지도록 돕고 싶어서 기업과 기업을 연결해 주는 사이트를 개발하고 이후에도 '평범한 사람들이 원하는 것이 무엇일까' 계속 고민하면서 회사를 경영했습니다. 알리바바는 중국 최고의 기업으로 성장했고, 그는 중국 최고의 부자가 되었습니다.

그는 지리적 상상력도 풍부했습니다. '알리바바'라는 회사명만 들어서는 중국 회사 같지 않지요? 한 번 들으면 잊어버리기 힘든, 그리고 영어 알파벳으로도 쓰기 쉽고 읽기 쉬운 기가 막힌 회사 이름은 그가 외국의 한 식당에서 밥을 먹다가 우연히 떠올린 것이라고 합니다. 바로 식당의 웨이터에게 "Do you know alibaba?" 했더니 당연히 안다며 '열려라 참깨' 주문까지 외더란 것입니다. 이후 그는 다양한 국적의 사람들을 만날 때마다 같은 질문을 했고 비슷한 반응을 얻었다고 합니다. 이거다! 이미 다른 사람이 선점한 alibaba.com 도메인을 비싸게 다시 샀다고 합니다. 소원을 이루어 주는 마법이라는 긍정적인 이미지와 함께 '알리바바'는 왠지 중동의 기업일 것 같다는 느낌을 줍니다. 아직은 인터넷이 발달하지 않고 경직된 중국에서 창업한 회사라고 아무도 생각하지 못했죠. 중동을 비롯해 세계의 다양한 문화에 대한 이해와 지리적 상상력 덕분에 절묘한 회사 이름을 짓는 센스를 발휘할 수 있었던 것 아닐까요?

그는 말합니다. 돈도 없고 지식도 없고 계획도 없었기에 성공했다고. 그저 하루하루 살아남아야 한다는 생각으로 계속 변화하고 노력하다 보니 여기까지 왔다고. '알리바바의 101가지 실수'라는 책을 쓸 수 있을 정도로 시행착오를 많이 겪었지만 넘어질 때마다 다시 일어나서 좋은 친구들과 함께 끊임없이 도전했을 뿐이라고. 하지만 지리학자인 제가 보기에 그는 언제나 움직였습니다. 실리콘밸리에 가서 직접 사람들을 만나고 하버드 대학에서 강연을 하고 일본의 빌 게이츠라 불리는 손정의를 만났습니다. 가만히 앉아서 기다리는 사람이 아니었던 것이지요.

돼지 똥 냄새 나는 빈민촌에서 자란 손정의

알리바바의 마법을 일으킨 또 다른 거물은 재일교포이자 소프트뱅크 대표인 손정의입니다. 그는 알리바바의 가능성을 일찌감치 간파했고 마윈을 만나 이야기 나눈 지 단 6분 만에 투자를 결정했습니다. 마윈의 비전에 매료된 손정의가 처음에는 3천만 달러를 제시했는데 마윈이 너무 많다고 해서 2천만 달러로 합의했습니다.

소프트뱅크는 일본을 대표하는 IT 기업으로 성장했고, 그는 일본을 이끄는 리더로 우뚝 섰습니다. 동일본 지진 때 일본 정부는 거짓말로 자신들의 잘못을 가리는 데만 급급했지 국민 안전은 뒷전이었습니다. 일본 재벌들이 자신들의 이익을 극대화하기 위해 원전의 위험성에 대해 침묵할 때 손정의는 과감하게 원전의 위험성을 경고하고 대안적 에너지 체계를 마련해야 한다고 목소리를 높였습니다. 현장으로 달려가 방사선 수치를 직접 눈으로 확인하고 주민들을 보호해야 한다고 목소리를 높여서 영웅이 되었습니다. 한국의 세월호 참사같이 모두가 충격과 슬픔에 빠져 어찌할 바를 모르고 우왕좌왕하는 상황에서 위기에 강한 손정의의 리더십이 빛을 발한 것이지요.

이는 그가 어린 시절 돼지 똥으로 뒤덮인 가난한 조센징 마을에 살면서 차별을 경험하고 이곳을 벗어나겠다는 강한 의지를 갖게 되었기 때문이 아닐까 싶습니다. 조센징이라는 이유로 친구들에게 돌멩이를 얻어맞으며 근성을 기르고 고통 받는 사람들에 대한 공감 능력, 위기를 돌파하는 힘을 기를 수 있었습니다. 원래 학창시절 손정의의 꿈은 교사가 되는 것이었습니다. 하지만 당시 일본 사회에서 재일교포는 교사가 될 수 없었습니다. 그렇다고 아무리 돈을 잘 번다고 해도 조직폭력배를 동원하여 돈을 받아내는 아버지의 대부업을 물려받기는 싫었습니다.

일본에서는 자신이 하고 싶은 일을 마음껏 할 수 없다는 현실을 깨닫고 그는 세계지도를 펼칩니다. 미국 캘리포니아로 3주간 어학연수를 다녀와 자신에게 날개를 달아 줄 수 있는 문화, 자신과 잘 맞는 지역이라는 가능성을 확인한 후 바로 고등학교 때 미국으로 혼자

유학을 떠납니다. 고등학교 과정을 검정고시로 빨리 끝내고 남들보다 2년 먼저 대학에 입학합니다. 3학년 때는 캘리포니아 대학교 버클리로 편입하고 빌 게이츠, 스티브 잡스와 같은 공간에서 지내는 행운까지 따릅니다.

그는 이후에도 계속 도전하는 삶을 살았습니다. 캘리포니아 대학에서 유학 중 만난 일본인 아내는 의사 집안의 외동딸이었습니다. 어렵게 결혼 승낙을 받은 후 두 딸을 두었지만 자식에게 회사를 물려줄 생각은 전혀 없다고 분명히 선을 긋습니다. 그리고 자신과 같은 열정과 비전을 가진 인재를 키워 회사를 이어 나갈 계획이라고 합니다. 마윈은 비록 국적은 중국이었지만 손정의와 닮은 점이 많은 후배였고 손정의의 꿈은 마윈을 통해 중국으로 확장된 셈입니다.

손정의는 말합니다. 타이밍과 지리가 중요하다고. 지금은 정보혁명 시대이고, 지금 기회는 아시아에 있다고. 부자 아빠를 두지 않아도 괜찮고, 학벌이 부족해도 괜찮고, 이제는 굳이 멀리 미국으로 유학 갈 필요도 없다고. 중국의 중소도시 항저우에서 알리바바의 마법을 일으킨 마윈처럼, 내가 태어나고 자란 그곳에서 열정과 지리적 상상력을 발휘하면 되는 시대가 되었습니다. 인구가 1억 7천만인 방글라데시, 인구가 2억 5천만에 달하는 인도네시아, 1억의 인구를 가진 베트남과 필리핀 등 인근 아시아 지역에 눈을 돌려 보세요. 여러분도 제2의 손정의, 제2의 마윈이 될 수 있습니다.

그녀가 진정
아름다운
이유

오드리 헵번과 그 후예들

영화 〈로마의 휴일〉에서는 예쁘지만 철없는 공주로, 〈티파니에서 아침을〉에서는 뉴욕의 세련된 패셔니스타로 변신하고 〈마이 페어 레이디〉에서는 런던 코벤트 가든의 꽃 파는 아가씨에서 상류 사회의 우아한 귀부인으로 변화하는 과정을 보여 주어 전 세계인의 요정으로 사랑받았던 영화배우 오드리 헵번(1929~1993)! 많은 배우들이 화려했던 전성기를 잊지 못해 영화의 중심지 할리우드에서 보톡스와 성형수술에 중독되어 주름 하나 없는, 하지만 제대로 웃지도 못해 어색한 얼굴로 늙어 갈 때, 그녀는 매우 남다른 공간적 의사 결정을 합니다.

산꼭대기에 덮인 하얀 눈을 연중 볼 수 있는 스위스의 조용하고 평화로운 시골 마을에서 아들 둘을 키우고 정원을 가꾸는 소박한 삶을 살았으니까요. 특히 암으로 투병하며 힘들었던 생의 마지막을 UN 홍보대사로 봉사하며 아프리카에서 굶주리고 가난한 어린이들과 함께 보냈습니다. 삶의 마지막까지 자신이 가장 아름답게 빛날 수 있는 장소에 머물러 있었습니다. 사후에 더 아름답게 기억되는 여배우, 세상 남부러울 것 없어 보이는 그녀가 이렇게 특별한 삶을 선택한 배경은 무엇일까요?

어린 시절 그녀는 여러 가지 상처가 많았습니다. 부모님의 이혼으로 아버지 없이 홀어머니 밑에서 궁핍하게 자랐고, 발레리나로서의 꿈을 제대로 펼칠 수 없었습니다. 특히 제2차 세계대전이 한창일 때는 제대로 먹지도 못한 채 배고픔에 시달리며(그녀는 UN의 전신인 국제기구에서 배급을 받아 겨우 목숨을 유지할 수 있었습니다) 심각한 질병으로 고통 받으며 죽음의 위기를 여러 번 넘겨야 했습니다. 그렇게 비참한 식량난을 경험했기에 아프리카 · 남미 · 아시아 등 제3세계 어린이의 배고픔에 더 깊게 공감할 수 있었다고 합니다. 어머니와 함께 고향 네덜란드를 떠나 런던으로 이사한 그녀는 낯선 도시에서 먹고살기 위해 발레리나의 길을 포기하고 광고모델과 영화배우로 삶의 방향을 바꾸었습니다.

2015년 가을 런던은 그녀의 사진으로 도배되었습니다. 영국의 국립 초상화 박물관National Portrait Gallery에서 그녀의 특별 사진전이 열렸기 때문입니다. 벨기에에서 태어나 네덜란드에서 어린 시절을 보내고 공기가 청정한 스위스 알프스 산지에 신혼살림을 차리고 이탈리아 로마의 아파트에서 평범한 주부로 살기도 했던 오드리 헵번이지만, 런던은 여전히 그녀와 잘 어울리는 행운의 도시 같습니다. 비록 주름진 얼굴이지만 우아한 미소로 아프리카의 가난하고 아픈 어린이들에게 사랑을 나눠 주기로 결심한 그녀의 공간적 의사 결정은 인도의 가장 열악한 지역인 캘커타를 선택한 테레사 수녀님과 비슷합니다. 그녀는 비록 세상을 떠났지만 많은 사람이 그녀의 존재와 따뜻한 마음을 기억하고 싶어 합니다. 그렇기에 전 세계 많은 사람들의 집과 일터에 그녀의 전성기적 사진이 붙어 있고, 최근에는 오드리 헵번 카페까지 등장하여 그녀를 추억하는 공간이 계속 확장되고 있는 것 아닐까요.

한편 그녀의 후배(?) 여배우들 또한 진화하고 있습니다. 자신의 생각과 주장을 펼치며 활동 영역을 넓혀 가고 있습니다.

미국의 여배우 안젤리나 졸리 역시 세상의 가난한 어린이들에 대한 관심과 원조를 아끼지 않는 배우로 알려져 있습니다. 유명한

| 오드리 헵번에게 런던은 행운의 도시인 것 같습니다. 영화배우로 성공했을 뿐 아니라 그녀를 아름답게 추억하는 사람들이 많은 도시니까요. 2015년 가을 런던의 거리와 건물 광고판은 그녀의 전성기 시절 예쁜 사진으로 가득합니다.

배우였던 아버지를 둔 안젤리나 졸리는 어머니와 자신을 버리고 떠난 아버지를 미워하며 금지된 약물 복용과 자살 시도로 얼룩진 암울한 10대를 보냈습니다. 두 번의 성급한 결혼과 이혼을 거치며 방황했고, 온몸에 문신을 새기고 드라큘라처럼 피에 집착하는 괴기스러운 성향도 보였습니다. 하지만 그녀의 우울한 청춘과 아픈 상처들은 영화 속 다양한 캐릭터를 깊게 이해하고 충실히 재현하는 데 큰 도움이 되었고, 연기에 대한 그녀의 강한 열정과 집중력은 찬사를 받습니다.

특히 안젤리나 졸리는 영화 〈툼 레이더〉를 통해 강한 여전사 이미지를 굳히고 책임감 있는 여성으로 다시 태어난 것 같습니다. 스코틀랜드 출신 여주인공 라라를 연기하며 영국식 문화와 세계관을 접하면서 그녀는 그동안 자신이 얼마나 편협한 사고를 해왔는지 깨달았다고 합니다. 학교에서는 미국의 역사만 배우고 늘 자국의 이익만 따지는 뉴스만 접하던 자신이 세계의 다양한 이슈를 다루는 영국 신문을 읽으며 편협한 세계관에서 벗어나 세상을 넓게 보는 안목을 갖게 되었다는 것이지요. 그리고 자신이 만약 10대에 동남아와 아프리카의 열악한 환경을 먼저 경험했더라면 청소년기를 그렇게 힘들게 보내고 의미 없이 방황하지는 않았을 것이라고 말합니다.

안젤리나 졸리에게 캄보디아는 특별한 인연이 많은 나라입니다. 〈툼 레이더〉를 촬영하며 앙코르와트 사원과 열대 자연의 아름다운 풍경, 다정한 사람들에게 큰 감동을 받은 그녀는 그들에게 도움을 주는 방법을 찾다가 캄보디아 출신 매독스를 고아원에서 입양합니다. 또한 UN 홍보대사로 생활환경이 극도로 열악한 아프리카와 아시아 지역을 여행하며 진정한 휴머니스트로 변화합니다. 아프리카에서 에이즈 고아로 버림받은 아기를 입양하고 자신의 첫딸도 아프리카에서 출산할 정도로 아프리카 지역에 대한 편견을 없애고자 노력했고, 제3세계의 열악한 생활 및 교육 환경을 개선하는 일에도 관심이 많습니다. 배우 브래드 피트와 결혼해 세 아이를 낳았지만 캄보디아·베트남·에티오피아에서 세 아이를 입양했고 곧 시리아 국적의 소녀를 일곱째 아이로 입양할 계획인 그녀는 배우를 은퇴한 뒤에는 인도주의 활동과 정치·사회적 문제에 더욱 힘쓰고 싶다고 합니다.

영국 출신의 지적인 여배우 엠마 왓슨은 영화 〈해리 포터〉 시리즈에서 헤르미온느 역할을 야무지게 연기하여 전 세계에 팬이 많습니다. 명문 브라운 대학을 우수한 성적으로 졸업한 그녀는 '세계에서 가장 아름답고 매력적인 여성'으로 꼽히지만 그동안 헤르미온느의 이미지가 너무 강해 많이 답답했던 것 같습니다. 소설과 영화에서 헤르미온느는 마법학교에서 해리 못지않게 똑똑하고 유능한 학생이지만, 언제나 주인공은 해리이고 그녀는 보조적 역할에 그칠 뿐이니까요. 남녀 성역할에 대한 고정관념이 강한 보수적인 잉글랜드 가정에서 태어나 가부장적 문화에 익숙한 작가 J. K. 롤링의 한계가 작품 속에 그대로 드러난 셈이지요.

하지만 영화 밖 현실에서 엠마 왓슨은 얼굴만 예쁜 게 아니라 성격도 좋고 친절하고 지적이며, 사회적 이슈에 관심이 많고 사회적 약자를 위해 목소리를 높여 온 페미니스트입니다. 그녀는 여권 신장 캠페인 '히포쉬He For She' 연설을 통해 '페미니즘은 남성 혐오가 아니고 남녀의 동등한 권리와 함께 정치적 경제적 사회적 평등을 의미한다'라는 소신을 당당히 밝혔습니다. 최근에는 UN 여성 인권 신장 캠페인 홍보대사로 임명돼 방글라데시와 잠비아 등 여성의 인권이 열악한 곳에서 여자 어린이들의 교육 기회를 확대하는 일에 앞장서고 있습니다.

외모뿐 아니라 뇌도 섹시한 할리우드 여배우의 진화는 계속됩니다. 자신이 죽은 후에도 둘이 살던 집을 파트너에게 남겨 주고 싶어 법적 투쟁을 벌이는 여형사의 실화에 기반한 영화 〈프리헬드 Freeheld〉에서 동성 커플의 아픔을 실감나게 연기한 엘런 페이지는 용감하고 지적인 여배우로 급부상 중입니다. 2015년 밸런타인데이에 그녀는 용기를 내어 특별한 고백을 했습니다. 무엇을 추구하고 어떤 옷을 입고 어떻게 살아가야 하는지……. 특히 젊은 여배우에게 할리우드와 언론매체가 들이대는 단일한 기준에 너무나 숨이 막혔지만 이제는 자신이 원하는 삶을 용감하게 선택하고 자유롭게 살겠다고 선언합니다. 헐렁한 옷을 입고 헬스클럽에 운동하러 가는 그녀의 사생활을 파파라치가 몰래 찍은 사진 아래 '왜 이렇게 작고 예쁜 여자아이가 어울리지 않는 옷을 입었을까?'라며 비아냥거리는 기사가 붙은 것을 읽고 혼자 스트레스도 많이 받았지만, 이제는 밝게 웃으며 "전 그게 편하니까요"라고 당당하게 이야기합니다.

공식 석상에서 커밍아웃 연설을 하면서 그녀는 벽장 속에 숨어 사는 고통에서 해방되었습니다. 그리고 '우리가 남을 괴롭히기보다는 단 5분만이라도 서로의 아름다움을 발견하기 위해 노력한다면 세상은 좀 더 살 만한 곳이 될 것'이라며 각자의 다름에 대한 성숙한 배려를 호소합니다.

QR 코드를 통해 엠마 왓슨의 '히포쉬' 연설과
엘런 페이지의 라스베이거스 성소수자 행사 연설 영상을 볼 수 있습니다.

장애라는
날개

북미와 유럽의 거리를 지나가다 보면 장애인을 쉽게 만날 수 있습니다. 시각 장애인이나 휠체어로 이동해야만 하는 교통 약자들이 안전하게 다닐 수 있는 공간이 잘 마련되어 있는 까닭입니다. 모두가 치열한 경쟁에 시달리며 피곤하게 살아가고 나와 조금이라도 다른 사람은 이상하게 생각하는 한국 사회는 특히 장애인에게는 끔찍한 곳일 수 있습니다. 집 밖으로 나가는 것 자체가 엄청난 용기를 필요로 하는 어려운 미션이고, 그저 평범한 사람으로 살아가기 위해서도 엄청난 노력을 기울여야 하니까요. 아픈 몸을 이끌고 고향을 과감하게 떠나 낯선 외국에서 꿈과 가정을 이룬 노르웨이 라면왕 이철호 사장과 시각 장애인이자 고아였던 강영우 박사의 성공 스토리는 그래서 더 특별합니다.

노르웨이로 간 라면왕 이철호

노르웨이에서 가장 유명한 한국인은 우리나라 최초로 노벨 평화상을 수상한 김대중 대통령이 아니라 Mr. Lee입니다. 밤이 길고 춥고 우울한 날씨가 계속되는 북구에서 겨울을 지내다 보면 따뜻한 국물의 얼큰한 라면이 저절로 떠오릅니다. 그는 한국의 라면을 들여와 자신의 사진과 이국적인 한글을 포장지에 넣고 현지인의 입맛에 맞추어 대 히트를 쳤습니다. 한국 전쟁으로 부모와 헤어져 여기저기 떠돌다가 미군 기지에서 일하던 소년은 폭탄 파편에 맞아 다리를 절단할 위기를 맞지만 마흔세 번에 걸친 대수술을 받으며 기적적으로 살아납니다. 그는 아픈 다리를 이끌고 빈털터리로 노르웨이에 도착하지만, 그곳에서 재활 기회를 얻고 요리사로 일할 수 있게 됩니다.

유럽 각국의 고급 호텔과 일류 레스토랑에서 요리사로 일하며 실력을 쌓은 그는 노르웨이로 돌아와 자신의 사업을 시작합니다. 아름다운 독일 여성과 결혼하여 세 딸을 낳아 안정된 가정을 꾸리고 바닥부터 시작해 하나하나 꿈을 이루어 갑니다. 레스토랑으로 큰돈을 번 그는 새로운 사업의 기회를 모색하는 과정에서 여러 가지 실패도 경험하지만 결국 라면 사업이 크게 성공해 노르웨이 초등학교 교과서에 실릴 정도로 유명해집니다. 어린 시절의 가난하고 배고팠던 기억, 병원에서 많이 아팠던 경험, 낯선 환경과 문화와의 만남 속에서 희망의 지리적 상상력을 계속 확장해 온 인생입니다.

미국으로 간 강영우 박사

우리에게 희망과 용기를 주는 또 다른 사례는 시각 장애인 고 강영우 박사입니다. 중학교 때 축구하다 눈을 다쳐 실명하게 된 그에게는 고난이 한꺼번에 닥쳐왔습니다. 부모님도 몇 년 사이에 돌아가시고 혼자 힘으로 할 수 있는 게 아무것도 없어 절망의 시간을 보냈습니다. 하지만 그는 점자를 배우고 맹학교에 들어가 친구들이 대학 갈 나이에 중학교 공부부터 다시 시작했습니다. 비록 출발은 늦었지만 차근차근 계속 앞으로 나아갔습니다.

연세대를 졸업하고 자원 봉사하던 대학생 누나와 결혼해 미국 피츠버그 대학으로 유학을 떠나 3년 8개월 만에 박사학위를 땁니다. 한국인으로는 백악관 최고의 자리에 최초로 오른 주인공이 되고 두 아들도 훌륭한 인재로 성장시킵니다. 아버지의 눈을 고쳐 주고 싶다는 꿈을 세 살 때부터 꾸던 첫째 아들은 미국 최고의 안과 전문의가 되고, 둘째 아들은 변호사가 되어 백악관에서 고위관료로 일합니다.

평생을 강영우 박사의 눈과 발이 되어 준 천사 같은 부인, 석은옥 여사는 "눈뜬 내 인생을 안내한 것은 시각 장애인 남편이었다"고 남편을 추억합니다. 평소 운전할 때 운전대는 자신이 잡지만 길을 안내하는 것은 아이러니하게도 앞을 못 보는 남편이었다고요. 떠나기 전 지도를 펴놓고 거리와 방향 등을 외워 둔 남편이 시간, 거리, 방향, 목표물 등을 정확하게 안내해 주었고, 그것은 인생 여정에 있어서도 마찬가지였다는 겁니다.

그는 말합니다. "장애는 한 사람의 인생을 바꾼다. 눈이 보이지 않았기 때문에 지금의 아내를 만났고, 보이지 않는 눈으로 세상을 보는 법을 깨달을 수 있었다. 나는 단순히 장애를 극복한 것이 아니라, 장애를 통해서 세상을 변화시킬 수 있었다"고요.

세계적으로 열 명 중 한 명은 장애인이고, 65세 이상 노인 두 명 중 한 명이 장애인이라고 말하는 그에게 장애는 걸림돌이 아니라 디딤돌이었습니다. "사회의 고령화와 급속한 산업화로 사고, 재해로 인한 장애 인구가 점점 늘어나는 추세이니, 이제 더 이상 장애는 남의 일이 아니다. 장애는 누구에게나 찾아올 수 있으며, 그것은 저주가 아닌 축복이 될 수 있다"는 사실을 캄캄한 절망 속 치열한 나비의 날갯짓으로 그는 입증해 보였습니다.

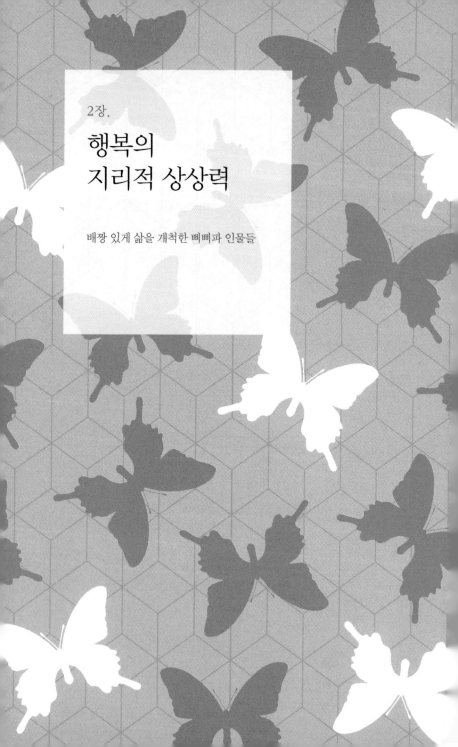

2장.

행복의
지리적 상상력

배짱 있게 삶을 개척한 삐삐파 인물들

"예쁜 얼굴인데…… 주근깨가 정말 많구나. 여기 주근깨 없애는 약이 있는데, 좀 비싸단다."

삐삐의 가방에 가득한 금화를 보고 약을 팔아 보려는 상점 주인에게 삐삐는 어깨를 으쓱하며 묻습니다.

"주근깨 더 늘리는 약은 없나요? 그럼 당장 살게요. 저는 제 얼굴의 주근깨가 정말 마음에 들거든요."

"애야, 어린이가 혼자 넓은 집에서 살면 위험하단다. 어린이집에서 어른들의 보호를 받아야지. 내가 너 때문에 아주 걱정스럽고 불안하구나."

삐삐를 고아원으로 보내려는 부인에게 삐삐는 당당하게 돌직구를 던집니다.

"여기는 내 집이고 나는 어린이니까, 내가 살고 있는 집이 바로 어린이집 아닌가요? 저는 여기서 친구들과 행복하게 잘 살고 있으니까 걱정 붙들어 매시고 저를 자유롭게 내버려 두세요!"

* * *

이런 말썽쟁이 이야기를 읽고 우리 착한 어린이들이 나쁜 아이가 되면 누가 책임질 것인가. _존 랜드퀴스트(스웨덴 문학평론가)

이 책은 동화라고 하기엔 현실성이 부족하다. 그런 이유로 우린 삐삐를 거부한다. _바젤 교육부 도서관

나는 아이들에게 설교를 할 생각은 눈곱만큼도 없다. 내 안에 있는 아이가 가장 바라는 대로, 내 안에 있는 아이를 즐겁게 하기 위해…… 그뿐이었다. _아스트리드 린드그렌

현실을 품은 판타지, 현실을 바꾸는 판타지

　자욱한 안개가 피어오르는 런던과 잘 어울리는 유명한 인물이 있습니다. 소설뿐 아니라 영화와 TV 시리즈로도 만들어져 백 년 넘게 세계인의 사랑을 받고 있는 사립탐정, 셜록 홈스입니다. 런던 중심부의 베이커 스트리트 전철역에는 파이프를 물고 있는 셜록 홈스의 옆모습이 그려져 있고, 소설에 나오는 집의 주소인 Baker Street 221b에는 셜록 홈스 박물관이 있습니다만, 그는 추리소설 속 상상의 캐릭터일 뿐입니다. 소설 속에서 그가 자주 간 호텔, 카페라고 주장하는 공간이 베이커 스트리트 주변에 남아 있고 그의 파이프 담배, 지팡이, 우산을 전시하여 마치 그가 실존 인물이었던 것 같은 착

각을 불러일으킵니다.

셜록 홈스의 작가 아서 코난 도일은 스코틀랜드 에든버러 출신이었는데, 실제 런던의 거리와 풍경을 작품의 배경으로 세밀하게 묘사하여 독자의 지리적 상상력을 자극하면서 추리소설 속 주인공인 셜록 홈스를 역사 속에 실제로 존재했던 그 어떤 인물보다 생생하게 살려 냅니다.

지리적 상상력이 중요한 직업에는 무엇이 있을까요? 사실 작정하고 나쁜 일을 하는 도둑이나 살인범을 잡아야 하는 탐정이나 경찰은 정말 탁월한 지리적 감각이 필요하지 않을까 싶습니다. 어디에 비싼 물건이 있는지, 어떻게 귀중품을 꺼내올 수 있는지, 지도를 펴 놓고 치밀하게 범행을 계획하고 쥐도 새도 모르게 도망친 도둑, 사람을 죽이고 유유히 사라진 지능적인 범인을 잡으려면 말입니다. 셜록 홈스 등 명탐정은 언제나 범행 현장을 방문합니다. 예민한 감각으로 단서를 찾아내고 범인의 입장에서 사건을 재구성하기 시작합니다. 범행을 저질렀을 것으로 의심되는 사람을 추려내고 용의자가 향후 이동할 경로를 추정하는데, 이 과정에서 다양한 공간 정보를 수집하고 범인의 입장과 상황을 고려하여 다음 행선지를 예측할 수 있는 능력이 필수입니다. 범인보다 훨씬 더 높은 수준의 지리적 상상력과 공간적 추리력을 가진 사람만이 유능한 경찰, 탐정이 될 수 있는 것이지요.

피터 팬을 비롯해 패딩턴 곰이 등장하는 동화책, 베스트셀러 작가들의 소설, 줄리아 로버츠와 휴 그랜트가 사랑에 빠지는 〈노팅힐〉 등의 영화까지, 런던을 배경으로 한 동화책, 소설, 영화는 끊임없이 계속 생산되고 있습니다. 누구나 꼭 한 번 가보고 싶어 하는 세계적인 문화 도시, 관광 도시의 명성은 결국 스토리텔링과 판타지의 힘입니다.

런던은 또한 마법사의 도시이기도 합니다. 런던의 킹스크로스 기차역에는 다양한 마법 소품을 파는 가게와 함께 《해리 포터》 속 호그와트행 기차와 관련된 플랫폼 표지판까지 생겼습니다. 바로 J. K. 롤링의 지리적 상상력 덕분이지요. 거액을 주겠다는 미국 영화 제작사와 스티븐 스필버그 감독의 달콤한 제안을 뿌리친 그녀는 영국 출신 영화감독을 선정해 원작의 분위기를 잘 살릴 수 있는 영국 내 촬영 장소를 추천하는 등 영화 〈해리 포터〉 제작 전 과정에 적극적으로 개입하였습니다.

할리우드식 영화 세트장이 아닌 영국의 아름다운 자연과 유서 깊은 장소에서 촬영된 영화 시리즈가 성공을 거두자 영국의 관광산업은 덩달아 호황을 맞게 됩니다. 심지어 〈해리 포터〉 영화에 등장하는 마법학교 이미지 덕분에 영국식 전통이 강한 사립 기숙학교의 인기가 높아져 외국인 유학생이 급증했다니, 《해리 포터》 덕분에 영국 경제가 살아나는 마법이 실제로 일어난 셈입니다.

| (위)현재 셜록 홈스 박물관이 위치한 곳의 주소 '베이커 스트리트 221b' 는 소설 속에만 나오는, 원래는 없는 주소였으나 도로 정비 후 실제 주소 로 만들었다. (아래)호그와트 마법학교로 가는 기차를 타기 위해 통과하 는 9와 4분의 3 플랫폼. 그리핀도르 목도리를 한 소녀가 플랫폼 앞에서 포즈를 취하고 있다.

노벨 문학상의
지리학

북유럽의 변방은 어떻게 문학 강국이 되었나?

매년 가을이 되면 노벨상을 누가 받을지, 스웨덴으로 세계 언론의 관심이 집중됩니다. 물론 노벨상만으로 문학작품의 가치를 측정할 수는 없겠지만, 노벨상을 받는다는 것은 작가 개인뿐 아니라 그 작가를 배출한 국가에도 큰 영광입니다. 노벨상을 받으려면 스웨덴어로 번역된 작품이 최소 5~6권 이상은 되어야 하는 것이 기본입니다. 우선 영어로 번역된 책이 많을수록 독자층이 전 세계로 확산되기에 절대적으로 유리하고요. 영어로 책이 번역되려면 콘텐츠가 세

내가 행복한 곳으로 가라

계인의 보편적인 정서를 담고 있거나 공간적 배경이 전 세계에 분산되어 있어 공감대를 확산시키기에 좋아야 하겠죠. 어쩌면 노벨상을 받으려면 훌륭한 글을 쓰는 것 못지않게 지리적 감각이 탁월해야 하는 것 아닐까 싶습니다.

당연한 얘기지만 노벨 문학상을 받으려면 우선 스웨덴 사람들이 그 작품을 읽어야 하겠지요. 즉 전 세계의 훌륭한 문학작품이 스웨덴어로 번역되는 효과를 노릴 수 있습니다. 노벨상 상금 이상의 효과를 거두고 있는 것이지요. 스웨덴은 2015년 현재 약 970만 명, 그러니까 인구 천만의 도시 서울보다도 적은 수의 사람들이 살고 있는 인구 소국입니다. 하지만 노벨상을 주는 나라이기에 전 세계의 다양한 문학작품이 스웨덴어로 번역되고, 덕분에 스웨덴 국민들은 풍요로운 읽을거리를 누릴 수 있지요.

그 덕분인지 《창문 넘어 도망친 100세 노인》, 《오베라는 남자》 등 요즘 세계적으로 스웨덴 작가들이 쓴 소설이 베스트셀러가 되고 있습니다. 이 책의 저자들은 처음부터 작가는 아니었고 중간에 전업을 한 경우이기도 합니다. 평범한 사람들도 글을 쓸 수 있는 문화라고 볼 수 있지 않을까요. 그런데 이 작가들의 대선배, 스웨덴의 원조 베스트셀러 작가가 있습니다. 작은 시골 마을 출신 미혼모로부터 시작된 행복한 변화를 따라가 볼까요?

말괄량이 삐삐 효과

춥고 우울한 겨울날 아파서 침대에 누워 있는 딸에게 엄마가 들려주는 이야기에서 말괄량이 삐삐의 모험은 시작되었습니다. 삐삐는 작가인 아스트리드 린드그렌의 어린 시절 모습이기도 합니다. 린드그렌은 스웨덴 시골 마을 출신으로, 보수적인 동네에서 유부남이었던 선배와 사랑에 빠져 아이를 가지게 됩니다. 부모에게도 친척에게도 말할 수 없고, 동네 사람들한테 손가락질 받을 상황에 처한 그녀는 일단 스톡홀름으로 가서 일하며 미혼모에게 도움을 줄 수 있는 기관을 열심히 찾습니다. 그리고 덴마크로 가서 홀로 아이를 낳아 주중에는 스톡홀름에서 돈을 벌고 주말에만 아이를 보러 가는 고달픈 생활을 합니다.

그녀는 포기하지 않고 계속 자신의 길을 개척해 갑니다. 스웨덴 자동차협회에서 글을 쓰다 나중에 자동차협회장이 되는 자상한 남성을 만나 결혼한 후, 떨어져 살던 큰아이도 데려오고 아이 둘을 더 낳습니다. 아픈 딸을 즐겁게 하기 위해 쓴 말괄량이 삐삐 이야기를 출판하고자 하였으나 처음에는 메이저 출판사에서 다 거절당합니다. 작은 출판사에서 우여곡절 끝에 책이 출판된 후 삐삐 이야기는 스웨덴 어린이들 사이에서 선풍적인 인기를 얻고 계속 시리즈로 나오게 됩니다.

가정이 있는 남성과 사랑에 빠졌던 그녀의 과거에 대해 여러 평가가 가능하겠지만, 그녀는 생명을 소중하게 생각하고 어떻해서든 책임지려 했습니다. 그리고 자신의 아픔을 잊지 않고 스웨덴 사회가 아동 중심, 어머니 중심 사회가 되도록 하는 데 큰 기여를 하지요. 스톡홀름과 고향 마을을 오가며 계속 글을 쓰고 사회적 약자를 위해서도 거침없이 발언했습니다.

하지만 스웨덴의 보수파들은 그녀에게 비판적이었고, 당연히 노벨 문학상을 받지는 못했습니다(대신 후에 그녀의 이름을 딴 아동 문학상이 만들어지지요). 그녀는 개의치 않고 계속 자기 안의 어린아이를 위해, 또 자신의 독자들을 위해 책을 썼고, 삐삐처럼 행복한 노년을 보냅니다. 자신이 쓴 어린이 책에 등장하는 주인공들을 체험할 수 있는 어린이들의 공간을 고향 마을에 만들기도 합니다.

그녀의 죽음에 전 스웨덴 사람들이 슬퍼했고, 탄생 100주년 기념일에는 스웨덴 국왕을 비롯해 많은 사람들이 그녀를 기리며 작은 시골 마을을 방문했습니다. 아스트리드 린드그렌의 작품을 읽다 보면 절망 속에서도 다시 일어날 수 있는 용기, 다시 시작하고 싶다는 희망을 갖게 됩니다.

삐삐 효과인지, 아스트리드 린드그렌의 나라 스웨덴은 세계에서 가장 처음 어린이 체벌을 법으로 금지한 나라입니다. 유럽의 선진국 중에서도 어린이의 권리가 잘 지켜지고 특히 여자 어린이가 행복한 나라로 꼽히지요. 스웨덴 여자 어린이들은 얌전하게 집에서 인형을 가지고 놀기보다는 흙을 묻히며 자연 속에서 신나게 노는 경험을 많이 합니다. 그리고 말괄량이 삐삐를 본받아 돈도 많이 벌고 자유롭게 살고 싶다는 욕망을 자연스럽게 표현하죠. 그러니 어른이 되어서도 스웨덴 여성들은 독립적이고 주체적으로 당당하게 살아가게 되지요. 스웨덴 왕위 계승 서열 1위인 빅토리아 공주는 그녀의 개인 트레이너였던 평민 출신 다니엘과 결혼할 정도로 자신의 사랑에 솔직하고 소탈합니다. 왕자와 결혼하기 위해 외모만 열심히 가꾸는 공주가 아니라 삐삐 스타일로 사는 공주이지요.

장난감 역시 지리적 상상력을 좌우하는 중요한 소품입니다. 스웨덴에서는 여자 어린이들이 바비 인형 대신 말괄량이 삐삐 인형을 좋아할 뿐 아니라 배, 기차, 자동차, 비행기 같은 탈 것을 가지고 놉니다. 남녀 어린이가 갖고 노는 장난감의 구분이나 차별이 없습니다. 하지만 칼이나 총 같은 전쟁과 연관된 장난감은 남녀 어린이 모두 갖고 놀 수 없도록 엄격하게 금지하고 있습니다. 외국에 사는 친척이 우편으로 부친 선물도 발각되면 압수한다고 하네요. 진짜 평화를 추구하는 나라로 인정받으려면 이렇게 어린이 장난감부터 신경을 써야 하는 거 아닐까요?

| 아스트리드 린드그렌(1907~2002)

스웨덴 남부 스몰란드 지방 빔메르뷔 외곽의 작은 시골 마을 농가에서 태어나 자랐다. 쾌활하고 떠들기를 좋아하는 아이였다. 1944년 37세의 나이로 문단에 데뷔, 딸 카린에게 들려주던 이야기를 쓴 《삐삐 롱스타킹》을 1945년에 출간했고, 이 작품이 폭발적인 인기를 얻게 되면서 후속편을 잇달아 발표했다. 1950년 《엄지 소년 닐스》로 닐스 홀게르손 훈장을, 1958년에는 크리스티안 안데르센 상을 수상하였다.

70세의 나이에도 인권 문제와 환경 문제 해결에 적극적으로 참여해 세계 최초로 스웨덴에 어린이 체벌 금지법을 도입시켰고 아동의 권리와 난민 문제 등에 깊은 관심을 가졌다. 2002년 94세의 나이로 생을 마감할 때까지 출간한 115편에 달하는 작품들은 95개국 언어로 번역되었고 린드그렌의 이름을 딴 초등학교가 독일에만 150개가 넘을 정도로 그녀의 영향력은 지대했다. 2005년에는 린드그렌의 기록물들이 유네스코 세계 기록유산에 등재되어 인류의 유산으로 평가받고 있다.

"기적을 만들 수 있는 독자를 위해 글을 쓰고 싶었어요.
아이들은 책을 읽을 때 기적을 만들죠. 이것이 아이들에게 책이 필요한 이유입니다."

"아이들은 사랑을 필요로 해요. 하지만 가끔 무관심할 필요도 있어요."

베스트셀러
작가의 취미?
이사, 여행, 달리기

서구 중심적인 세계 문학계에서 아시아인으로서 국제적인 독자층을 확보하고 있는 아시아 작가는 일본의 무라카미 하루키입니다. 우리나라에서도 많은 팬을 확보하고 있는 그의 소설은 영화로 제작되기도 했습니다. 그는 대학에서 문학을 전공하지는 않았지만 청소년기를 보낸 항구도시의 헌책방에서 영문 소설을 읽으며 작가로서의 기본기를 다졌습니다. 대학교 다닐 때 결혼했기에 일찍부터 생활전선에 나서야 했고 재즈 카페를 창업하여 아침부터 밤까지 이어지는 고달픈 육체노동을 매일매일 경험했습니다.

글쓰기에 성실한 하루키의 취미는 이사, 달리기, 세계 여행입니다. 젊은 시절 '돈 버는 것의 고달픔'을 체험한 그였기에 전업 작가로서의 부담과 글쓰기의 고통은 글만 써본 작가들에 비해 상대적으로 가볍게 느끼는 것 같습니다. 체력을 유지하기 위해 달리기로 육체를 단련하고, 익숙한 환경에서 매너리즘에 빠질 때쯤이면 과감하게 짐을 챙겨 이사를 갑니다. 국내든, 해외든 가리지 않고요. 자신에게 영감을 줄 수 있는 사람을 만나고 장소를 체험하기 위해서 세계 여행도 마다하지 않습니다. 술을 마시고 담배를 피우며 실내에 갇혀 자학하며 글을 쓰는 작가가 아니라 적극적으로 세상으로 나가 새로운 세계를 만나고 소통하는 방식을 선택한 작가입니다. 그의 여행지가 늘어나고 그의 지리적 상상력이 풍부해질수록 그의 소설에 공감하는 애독자들의 출신 국가도 다양해지는 것은 당연한 결과겠지요.

그에게는 글 쓰는 직업과 즐거운 취미 생활이 자연스럽게 연결되기도 합니다. 자신이 좋아하는 것을 찾아가는 여행 자체가 그의 책에서 중요한 소재가 됩니다. 술집을 하면서 위스키에 관심이 많아진 그는 스코틀랜드와 아일랜드 위스키 성지 순례를 하기도 하고, 자신이 좋아하는 미국 작가의 모교에 방문교수로 체류하기도 합니다. 또 자신이 좋아하는 가수의 콘서트 장을 가거나 야구장, 동물원 등 글쓰기와 전혀 상관이 없어 보이는 장소에 가서 영감을 얻기도 하지요. 한편 이탈리아, 그리스 등 바닷가 풍광이 아름답고 음식이 맛있는 지중해 연안 국가는 그에게는 글이 잘 써지는 행운의 장소 같습니다. 실제로 이탈리아는 일본을 떠나 자유롭고 싶을 때 짐을 챙겨 떠나기에 좋은 나라였다고 하루키는 고백합니다.

세계적인 베스트셀러 소설인 《노르웨이의 숲》은 비틀즈 노래에서 영감을 얻은 것인데, 실제로 그는 이 소설을 쓸 때 비틀즈의 노래를 많이 들었다고 합니다. 흥미로운 것은 비록 노르웨이의 숲에는 노르웨이가 배경으로 등장하지 않지만 하루키는 이 소설을 그리스, 이탈리아의 카페를 전전하며 썼다는 것입니다. 일본에서의 복잡한 인간관계에서 오는 스트레스를 잊을 수 있고, 그 누구에게도 방해받지 않으면서 전 세계 젊은이들과 소통할 수 있는 언어, 비틀즈의 음악을 들으며 행복한 환경에서 글을 쓴 셈이지요. 그는 남유럽의 환경이 작품에 어떤 영향을 끼쳤는지 분명하게 이야기하기는 어렵다고 하지만, 기자들의 전화에 시달리고 여러 스트레스를 받으며 일본의 자기 집에서 글을 썼으면 젊은이들의 자유로운 생각과 쿨한 사랑을 제대로 표현하기 어렵지 않았을까요?

다양한 나라에서 생활한 경험, 세계를 여행하며 만난 사람들은 그가 세계인과 소통하는 작가로 성장하는 데 직접적인 도움을 주고, 그가 쓴 소설의 배경도 일본을 넘어 전 세계로 확장됩니다.

무라카미 하루키와 유사한 공간 전략을 구사하는 한국 출신 작가는 김영하입니다. 작가의 꿈을 이루려면 어떻게 해야 하는지 묻는

내가 행복한 곳으로 가라

젊은이에게 '꿈을 깨라. 솔직히 이 시대는 작가로 먹고살기 힘들다' 고 현실적인 조언을 하여 화제가 되기도 했습니다. 그는 대학에서 경영학을 전공했지만 문학상을 받은 후 뒤늦게 전업 작가의 길로 들어섭니다. 어느 날 대학교수라는 안정된 직장을 그만두고 서울의 아파트를 팔아 마련한 돈으로 세계 여행을 떠납니다. 세계지도를 펼치고 왠지 한번 살아보고 싶은 도시에서 몇 개월씩 생활해 보는 모험을 마친 후 그는 서울이 아닌 항구도시 부산에 정착합니다. 여행을 통해 자신은 항구도시에서 쉽게 행복을 느끼고 글이 잘 써진다는 것을 깨달았기 때문이죠.

김영하의 작품은 꾸준히 해외에서 외국어로 출판되고 있고, 그는《뉴욕타임스》에 한국 작가로는 최초로 칼럼을 쓰기도 했습니다. 새로운 장르의 실험적 소설을 쓰고 계속 책을 내는 그이지만 한국의 출판시장이 계속 축소되는 현실에 적응하기 위해 지리적 대안을 모색하기도 합니다. 즉, 한국어로만 책을 쓰면 먹고살기 힘들다고 판단해 가급적 많은 국가에서 다양한 언어로 자신의 책이 번역되는 쪽으로 방향을 잡았다고 하니, 정말 지리학자 뺨치는 글로벌 마인드를 갖고 있는 작가 같습니다.

무라카미 하루키와 김영하 외에도 사실 베스트셀러 작가들은 오래전부터 여행 마니아들이었습니다. 작가이자 모험가였던 것이지요. 평생을 여행자로 살았던 동화작가 안데르센, 사하라 사막 추락 사고에서 《어린 왕자》의 영감을 얻은 생텍쥐페리, 전 세계에 흔적이 남아 있는 헤밍웨이 등 작가들이 다양한 지역과 오지를 여행하는 가운데 베스트셀러는 태어났습니다. 또한 순례자의 길을 걷다 작가로 거듭난 파울로 코엘료, 상처를 치유하기 위해 떠난 여행에서 작품의 소재와 영감을 얻은 추리 소설의 여왕 애거서 크리스티 등의 사례에서 볼 수 있듯 여행과 글쓰기는 아픈 몸과 마음을 치유하는 데에도 큰 힘을 발휘합니다.

꽃과 개울을 위한 지리학

생텍쥐페리는 열두 살 때 처음 비행기를 타보았는데, 무척이나 행복했다고 합니다. 20세기 초라서 아무나 비행기를 탈 수 없던 시기였고, 비행기를 타려면 우편물을 배달하는 작은 비행기를 운전하거나 전투기 조종사가 되는 수밖에 없었지요. 비행기 조종사는 생명을 잃을 수도 있는 아주 위험한 직업이었고요. 요즘으로 말하면 오토바이 배달 폭주족? 아니 그보다 훨씬 더 위태롭고 조마조마한 순간을 많이 겪어야 했습니다. 높은 산이나 사막에서 비행기가 추락하는 사고가 많이 발생했고요.

"새로운 항공로를 찾기 위해 이륙했다. 사막과 싸우던 그가 이제는 산과 싸워야 했다. 항상 눈이 덮여 있는 산봉우리와 눈 폭풍이 몰아치기 직전의 창백한 골짜기 사이의 땅을 내려다본다. 그곳에서 생기는 역풍과의 몸싸움은 목숨을 건 전쟁과도 같다."

생텍쥐페리는 프랑스 남부에 있는 아름다운 시골 마을 출신으로 꽃과 나비가 많은 아름다운 자연에서 마음껏 뛰어 놀며 정말 행복한 어린 시절을 보냈습니다. 하지만 그가 어렸을 때 코끼리를 통째로 삼킨 보아 뱀을 그렸는데, 다들 모자로 보았다고 하지요. '난 화가로서 소질이 없구나' 실망한 생텍쥐페리는 화가의 길을 포기했습니다. 해군 사관학교에 들어가 전투기 조종사가 되고 싶었지만 재수를 해도 계속 불합격하고, 미술학교 건축학과에서 수업을 들었지만 정식으로 입학도 못 했으니 되는 일이 하나도 없었던 청춘이었죠. 외모도 성격도 직업도 별로인지라 연애도 잘 안 되고 약혼한 여자 친구에게 버림받기까지 했으니 생텍쥐페리의 젊은 시절은 실패와 좌절의 연속이었던 셈입니다.

비행기를 타고 하늘을 날고 싶다는 꿈을 포기하지 않고 계속 도전하여 결국 민간항공기 조종사가 됩니다. 생텍쥐페리는 프랑스와 아프리카, 남미를 오가는 국제 우편물을 배달했는데, 일하는 데 실제로 지리 공부가 도움이 많이 되었다고 합니다.

"비행기 조종하는 법을 배우고 세계의 구석구석을 안 가본 데 없이 날아다녔는데, 지리 공부를 한 게 정말로 많은 도움이 되었다. 나는 한밤중에 중국과 애리조나를 구별할 수 있었다. 이런 지식은 한밤중에 방향을 잃었을 때 아주 유용하다."

또 그의 책 《우연한 여행자》에 보면 다음과 같은 구절이 있습니다.

"학자들의 관심은 큰 도시에 물을 대주고 있는 에브르 강에만 있다. 서른 송이 정도의 꽃을 아름답게 피우고 있는 모트릴 지방 서쪽 숲 속의 개울이 그 강의 원천인 것에는 전혀 관심이 없었다. 하지만 우리는 지리학자들도 미처 발견하지 못한 멀리 있는 것들을 마음의 눈으로 보고 상상할 수 있다."

생텍쥐페리는 비행기 조종사로 일하면서 전 세계를 여행하고 다양한 경험을 합니다. 실제로 겪은 일들을 책으로 쓰거나 신문에 실어 상도 많이 받았는데, 사막에서의 경험을 쓴 책 《바람 모래 그리고 별들》에는 생텍쥐페리의 조종사 선배이자 절친인 기요메가 스페인에 대해 설명해 주는 장면이 나옵니다.

"기요메에게서 배운 지리학은 참으로 묘한 것이었다. 기요메는 내게 스페인의 지형, 기후, 자원, 인구 같은 지리 교과서에 나올 법한 지식은 가르쳐 주지 않았다. 대신 내가 스페인을 친구처럼 친근한 감정을 갖도록 하는 법을 가르쳐 주었다."

비행 경험이 많고 지도와 지리적 지식의 중요성을 이미 잘 알고 있던 기요메는 후배인 생텍쥐페리에게 학교에서 배우는 지리와는 다른 방식으로 가르쳐 주었고 그것이 그의 마음에 와 닿았던 것 같습니다.

"그는 호수나 산맥에 대한 설명이나 인구의 분포 상황, 가축은 어떤 것들이 자라고 있는지에 대해서는 아무 말도 하지 않았다. 대신 근처 밭에 우뚝 서 있는 세 그루의 오렌지 나무에 대해 이야기를 해 주었다. 그 지역의 지형에 대해서는 한마디도 하지 않고 시골집에 사는 주인 부부에 대한 이야기를 들려주었다. 서른 송이 정도의 꽃을 피우는 작은 개울이나 산등성이에서 풀을 뜯는 양들, 양치기 소녀를 지도에 표시하기 시작하니, 내 스페인 지도는 동화의 나라로 변해 가고 있었다."

생텍쥐페리는 아프리카 북부에 있는 모로코 캅쥐비의 우편중계소 소장으로 일하며 현지 사람들을 사귀고 다양한 경험을 하는데, 이때 사막에서 보낸 생활은 생텍쥐페리가 나중에 작가로서 활동할 때 글을 쓰는 소재가 됩니다. 《어린 왕자》도 추락한 비행기를 사하라 사막 한가운데서 고치며 상상하게 된 거죠. 평생을 그리워하며 열정적인 사랑을 나누었던 아내 콘수엘로도 남미 여행 중 아르헨티나의 부에노스아이레스에서 만났다는데, 그녀는 《어린 왕자》에 등장하는 장미꽃과 많이 닮았습니다.

여행가의 다리
사업가의 눈

    제가 20여 년 전 처음 대기업에서 직장생활을 시작했을 때만 해도 돈이 돈을 쉽게 벌었습니다. 가장 높은 적금통장의 이자율은 10% 정도였는데(1997~98년 IMF 경제 위기 당시에는 20% 가까이 올라가기도 했지요) 쉽게 이야기해서 1억을 은행에 넣으면 1년에 저절로 1천만 원이 더 불어나 있는 것입니다. 여러분 부모님, 아니 할머니, 할아버지 세대는 그렇게 저금을 했고, 아파트를 분양 받아 빚을 갚아 나가면 집값이 금세 2배, 3배 뛰고 운 좋으면 10배, 20배 까지 올라갔습니다.

    2015년 현재 은행 예금 금리는 1%도 안 됩니다. 1억을 예금해

놓아도 1년에 1백만 원 정도, 한 달에 1십만 원도 안 되는 이자가 붙고, 이것저것 떼면 남는 것도 없지요. 여러분이 한 달에 1백만 원을 번다면, 그건 자산 가치로는 10억인 것입니다. 이제는 일자리가 중요한 시대이고, 내 힘으로 돈을 버는 세상입니다.

미국 촌 동네 오마하에 살면서 세계적인 투자가가 된 워런 버핏도 딸에게 말했습니다. "딸아, 돈은 아빠가 아니라 은행에서 빌리는 거란다." 자신도 햄버거 먹고 오래된 중고차를 몰고 다니니 딸도 할 말이 없겠지요. 역시 부자였던 빌 게이츠 회장의 부모는 말했습니다. 아들이 큰 부자가 된 것은 그에게 사업자금을 대주지 않아서라고요.

로스차일드 가문은
어떻게 세계 경제를 지배하게 되었나?

세계사를 바꿀 정도로 재력이 빵빵한 유럽의 원조 재벌 집안이 있었으니, 바로 로스차일드 가문입니다. 지금도 전 세계의 부를 소리 없이 움직이는 큰손으로 알려져 있습니다. '빨간 방패'라는 뜻의 로스차일드 가문의 부는 1744년 독일 프랑크푸르트 게토(유태인 격리 지역)의 한 허름한 집에서 마이어 암셀 로스차일드가 태어나면서 시

내가 행복한 곳으로 가라

작되었습니다. 지금은 유태인이 유럽뿐 아니라 미국 뉴욕 금융가와 문화 예술계, 언론계를 장악하여 떵떵거리고 살지만, 수천 년간 나라 없이 이방인으로 떠돌며 구박받고 차별받는 소수민족이던 시절이 있었습니다. 법관, 변호사, 군인 등 공무원이 되거나 농업, 제조업에 종사할 기회가 봉쇄당했고, 곡물과 무기 거래도 불가능했습니다.

게토는 그 자체가 거대한 감옥 같았으니 유태인은 태어나면서 무기징역을 선고받은 것과 다름없었습니다. 게토 밖에서 살거나 부동산을 살 수 없었고 평생을 게토에서 거주해야 했기 때문입니다. 독일에서도 교통과 경제의 중심지로 경쟁이 치열했던 프랑크푸르트는 유태인에 대한 차별이 가장 심한 도시였고, 독일 전역의 게토 중에서도 열악한 생활환경으로 악명 높았습니다. 정원이나 놀이터는 커녕 높은 벽과 조밀한 집들로 햇볕이 잘 들지 않아 1년 내내 습한 기운이 흘렀고, 고약한 냄새가 나는 쓰레기 더미 위로는 바퀴벌레가 득실거렸습니다. 행상을 하며 어렵게 생계를 꾸려 나가던 아버지를 따라 어린 마이어는 유럽 각지를 떠돌아 다녔습니다. 독일인이 운영하는 숙박업소에서는 유태인 투숙을 거절했기에 그 지역에 유태인회당이 없으면 노숙을 하거나 농가의 헛간에서 가축과 함께 밤을 보내야 했습니다.

보따리장수를 하며 그에게 학비를 대던 아버지가 천연두에 걸려 돌아가시자 그는 열한 살에 학교를 그만두고 돈을 벌어야 했습니다.

하노버에 사는 외삼촌이 그를 은행에 사환으로 취직시켜 주었고, 그는 성실히 일하며 경제적 기반을 닦았습니다. 프랑크푸르트에 비해 유태인에 대한 차별이 적은 도시에서 편안한 생활이 보장되었지만 그는 고향의 아버지가 물려준 집으로 돌아가겠다고 결심합니다. 친척들은 만류했지만 힘들어도 자기 사업을 하겠다는 그의 확고한 결심을 꺾지는 못합니다.

프랑크푸르트의 게토로 돌아온 로스차일드는 낮에는 쓰레기통을 뒤져 주화를 모으고 밤에는 이를 세척하고 분류해서 내다 팔아 큰돈을 법니다. 심지어는 전쟁터에 가서 죽은 병사의 훈장과 주화를 가져오는 등 악착같이 일해 모은 돈으로 상류층과 교류하며 정보를 얻고 다양한 기회를 포착합니다. 그리고 다섯 아들을 런던, 파리, 나폴리, 비엔나, 헝가리 등지로 보내어 사업의 기반을 확장합니다. 현지의 정보를 자신들만의 언어인 이디시 어를 사용한 암호로 주고받으며 재빠르게 돈 벌 기회를 포착하여 막대한 부와 네트워크를 형성한 겁니다. 금융, 철도, 호텔 등 서비스 산업을 비롯해서 금, 다이아몬드, 지하자원 같은 광물, 곡물에서 와인에 이르는 먹거리 산업까지 다양한 사업 분야에서 로스차일드 가문의 영향력은 지금도 막강합니다.

5개의 분사 중에서 가장 잘나간 곳은 네이선이 개척한 런던 지사입니다. 런던은 세계의 정보가 몰려드는 정보의 허브이기도 했고 당시 세계 경제의 중심지였을 뿐 아니라 유태인에 대한 차별이 다른 유럽 국가들에 비해 상대적으로 적었습니다. 워털루 전쟁으로 큰 돈을 벌게 되자 경제 영역을 넘어 정치, 문화, 예술, 과학 분야까지도 로스차일드 가문의 영향력은 미치기 시작했습니다. 특히 런던 로스차일드 가문의 나비 사랑은 유별났습니다. 19세기 영국의 중상류층을 중심으로 화려한 나비를 채집해서 실내에 장식하는 것이 전국적인 유행이긴 했지만, 심지어 기차를 타고 가다가 희귀한 나비 종을 보면 기차를 세우게 하고 따라가 나비를 채집할 정도였으니까요.

도대체 얼마나 돈이 많았으면 열차를 세우냐고요? 물론 부자였기에 가능한 일이었겠지만, 그와 더불어 나비를 정말로 좋아했기 때문이 아닐까요? 기차를 타고 가면서도 늘 창밖을 바라보고 풍경을 유심히 살폈기에 작은 나비를 발견할 수 있었고, 어쩌면 그런 남다른 관찰력과 지리적 감각 덕분에 재테크의 달인이 되었을지도 모릅니다. 또 중남미, 동남아, 아프리카 등 전 세계에 탐험가를 보내 희귀한 나비 종을 채집해 오게 해서 지금도 런던 자연사박물관의 나비 컬렉션에는 로스차일드 가문의 이름이 붙어 있습니다. 채집된 나비를 분류하고 서식지의 환경을 상상하면서 지역의 변화를 예민하게 알아채고 누구보다 빠르게 세계 각국의 기후와 식생 등 자연환경에 대한 정보를 얻었을지 모릅니다. 로스차일드 가문은 돈만 챙긴 게 아니라 나비의 서식지를 보호하기 위해 넓은 땅을 자연보호 단체에 기부하고 환경보호에도 앞장서는 등 사회적 책임도 다해 영국 사회에서도 존경받는 명문가로 부상했습니다.

프랑크푸르트의 지저분하고 냄새나는 게토에서 시작된 로스차일드 가문의 신화는 250년이 훌쩍 지난 지금도 현재 진행형입니다. 금수저, 아니 다이아몬드 수저를 물고 태어난 8대 손자는 어떻게 사느냐고요? 영국 출신으로《내셔널 지오그래픽》의 '떠오르는 탐험가'로 선정된 데이비드 드 로스차일드는 북극 도보 탐험에 이어 새로운 도전을 시도했습니다. 해양 오염의 심각성을 알리기 위해 플라스틱 페트병으로 만들어진 뗏목, 플라스티키를 타고 태평양을 횡단하는 모험을 감행했고 '어드벤처 에콜로지'라는 환경교육 단체를 창설하기도 했습니다.

'부를 지키려면 돈을 벌 때보다 열 배의 노력을 해야 한다', '부자는 3대 가기 어렵다'는 말이 있을 정도로 부침이 심한 경제계에서 로스차일드 가문의 부가 3대의 징크스를 넘어 8대까지 이어진 이유가 무엇일까요? 캄캄한 절망 속에서도 희망을 잃지 않는 나비의 상상력, 도전 정신과 모험심으로 똘똘 뭉친 지리학자의 DNA 덕분이 아닐까요?

화교 최대 재벌의 신화는
화학 잡지 기사 한 줄에서 시작되었다

세계경제를 움직이는 또 다른 민족 하면 중국인, 특히 화교를 빼놓을 수가 없습니다. 바닷물이 미치는 곳이면 화교가 있다는 말이 있을 정도니까요. 화교 사업가 중에서 최고 부자는 단연 리카싱(리자청, 李嘉誠)입니다. 홍콩, 중국, 아시아를 넘어 이제는 북미와 유럽에 있는 기업들을 인수하는 등 전 세계를 무대로 활동하는 사업가이지만, 그에게도 고달픈 애벌레 시절이 있었습니다.

1928년 중국 광둥성에서 태어난 리카싱은 1940년 가족을 따라 홍콩으로 이주합니다. 10대 초반 갑자기 아버지가 결핵으로 세상을 떠나자 그는 가족의 생계를 책임져야 하는 소년 가장이 되어 어쩔 수 없이 학교를 그만둡니다. 하지만 매일 새벽 4시에 일어나 독학으로 중고교 과정을 마치고 영어 공부도 꾸준히 합니다. 가문의 친척이 일군 공장에 편하게 취직할 수도 있었지만 혼자 힘으로 어렵게 구한 첫 직장은 찻집입니다. 그는 새로운 환경에 부지런히 적응하며 다양한 사람들을 만나 정보를 수집하는 방법을 배우고 책상이 아닌 세상에서 살아 있는 경제 원리와 인간관계의 지혜도 함께 얻습니다.

그는 영문판 화학 전문지를 읽다 그의 인생을 바꿀 사업의 기회를 포착합니다. '한 이탈리아의 화학회사가 플라스틱 조화를 대량

생산하는 데 성공했고 곧 유럽과 미국 시장에 내놓을 계획이다'라는 단 한 줄의 영문 기사! 리카싱은 꽃을 좋아하는 홍콩 사람들에게 조화가 히트할 것이라는 점은 물론, 생명력 없는 조화의 인기가 그리 오래가지 못할 것이라는 점까지 정확히 예측합니다. 처음에 크게 벌고 재빨리 빠지는 전략을 구사하려면, 바로 조화 생산에 들어가야 했습니다. 그는 곧장 이탈리아로 날아가 바이어로 위장해 조화 생산 과정과 시장을 돌아보고 정보를 얻으려 하지만 거절당합니다. 그는 포기하지 않고 조화를 생산하는 공장에 일용직 직원으로 취직하여 제조과정을 익히고 휴일이면 공장 친구들을 초대해 시내 중국 음식 점에서 식사를 대접하며 핵심적인 기술 노하우를 얻어 냅니다.

홍콩으로 돌아와 곧바로 조화를 개발해 아시아에서 가장 먼저 조화를 내놓고 영업사원을 대규모로 영입해 홍콩의 유명 백화점, 꽃 가게, 길거리 리어카에까지 조화를 좍 깔아 판매 효과를 극대화합니다. 홍콩 사람들 사이에서 조화를 선물하는 일이 유행하고 청콩실업 은 아시아에서 조화를 가장 많이 생산하는 회사가 됩니다. 홍콩의 경제대통령 리카싱의 성공 신화는 꽃에서 시작된 셈입니다.

청콩실업이 크게 성장하게 된 직접적 계기는 사실 부동산 투자 입니다. 중국 본토의 문화대혁명에 영향을 받은 1967년 봉기 때문 에 많은 사람들이 홍콩을 떠났고 토지와 집값이 급락했습니다. 하지만 리카싱은 정치적 혼란이 일시적일 것으로 보고 저가에 부동산

내가 행복한 곳으로 가라

을 싹쓸이하여 위기를 기회를 바꿉니다. 영국이 2008년 세계 금융 위기 이후 기간산업에 대한 외국인 소유를 허용하자 또다시 공격적인 투자로 기회를 선점합니다. 항상 트렌드를 읽고 과감하게 실행하는 리카싱은 부동산, 호텔, 증권, 항만 컨테이너, 에너지, 인프라 건설 등 54개국에서 500개 기업을 이끄는 슈퍼리치가 됩니다.

어려운 가정 형편 때문에 비록 정식 학력은 고교 중퇴지만 그는 다방면에 박식할 뿐 아니라 영어 실력도 유창합니다. 매일 영어로 된 책과 잡지를 닥치는 대로 읽고 부족한 분야는 가정교사에게 지도를 받는 등 끝없는 학구열 덕분입니다. 검정 뿔테 안경을 쓴 소탈한 이미지의 리카싱은 지금도 매일 한 시간씩 영어 뉴스를 듣고 잠자기 전 30분간 책을 읽는 노력파입니다. 손수 자동차를 운전하며 싸구려 시계를 차는 등 검소하게 살면서 초인으로 존경받는 그는 미래 인재 양성에도 관심이 많습니다.

알리바바의 창업자 마윈이 졸업해 더 유명해진 중국의 명문 경영대학원(MBA)인 청콩상학원(창장상학원, 長江商學院)은 리카싱에 의해 베이징에 처음 설립되었는데, 상하이, 선전, 홍콩, 뉴욕, 런던으로 진출하여 중국의 세계화를 넘어 세계의 중국화를 주도하고 있습니다. 리카싱은 자신의 두 아들을 경영자로 키우는 한편 자신의 '셋째 아들'이라 부르는 리카싱기금회 활동에도 많은 애정을 쏟습니다. 하루 열 시간의 업무 중 여섯 시간은 청콩그룹 일에, 나머지 네 시간은 자신의 이름으로 장학금을 주는 기금회 활동에 쓸 정도로 교육과 의료를 중심으로 한 자선 사업에 정성을 쏟고 있습니다.

아시아 최고의 '금수저'로 태어난 리카싱의 아들이 부럽다고요? 실제로 쉰이 넘은 큰아들 리처드 리는 어릴 때부터 아버지로부터 경영 수업을 착실히 받은 성실한 기업가이지만 거대한 아버지의 그늘에 가려 빛을 제대로 못 보고 있습니다. 경영권 승계가 한창 진행 중이지만 투자자들은 곱게 자란 큰아들보다는 아흔을 바라보는 아버지 리카싱을 지금도 더 신뢰하는 것 같습니다. 기업의 운명을 좌우하는 경영자의 내공과 실력은 변화의 시기나 위기 상황에서 더 극명하게 드러난다는 것을 잘 알기 때문일까요?

부자 아빠에게서 태어난 사람일수록 편안하고 안전한 환경에서 어려움을 모르고 곱게 자라게 될 확률이 높습니다. 특별한 노력을 기울이지 않는다면 다양한 지리적 경험을 할 수 없기에 오히려 지리적 상상력을 기르기에는 매우 불리한 조건입니다. 돈이 많으면 방법을 고민할 필요도 없이 자신이 원하는 것을 바로 얻을 수 있으니까요. 고생스러운 어린 시절을 보낸 1세대 창업주는 넘어져도 다시 일어날 수 있지만, 온실 속에서 자라 저항력을 제대로 기르지 못한 2세대 경영인이 위기를 맞으면 대책 없이 무너지는 경우가 의외로 많습니다. 특히 정보혁명으로 세계 경제가 급변하는 요즘은 새로운 환경에 적응하는 능력이 아주 중요해졌습니다.

내가 행복한 곳으로 가라

떠나는 게
절반이다

장소를 옮겨 성공에 가까워진 한국인들

김연아와 아사다 마오는 피겨 스케이팅 분야의 라이벌이었습니다. 출발은 아사다 마오가 앞섰습니다. 일본은 세계적인 빙상 강국이고 지역마다 아이스링크도 잘 갖춰져 있어 연습하기 좋은 환경입니다. 하지만 우리나라는 제대로 스케이트를 탈 수 있는 공간이 극도로 제한되어 있어 피겨 스케이팅 선수에게는 매우 열악한 조건입니다. 몸매도 잘 관리해야 하고 고도의 기술과 파워도 필요한 피겨 스케이팅은 선수의 생명이 짧은 종목이기도 합니다. 10대 후반이라는 황금기에 밴쿠버 올림픽에서 만나게 되는 두 선수 모두 금메달을 목표로 열심히 훈련을 했습니다.

아사다 마오가 국내에 머물며 러시아 코치를 불러 올림픽을 준비할 때 김연아는 연습 환경이 열악한 한국을 떠나 과감하게 캐나다로 이동했습니다. 스파르타식 훈련이 아니라 스케이트를 정말 즐기면서 탈 수 있도록, 그녀가 행복한 스케이터가 되는 길을 안내해 준 캐나다 출신 코치 오서를 만난 것도 행운이었습니다. 올림픽이 열릴 곳에 미리 와서 예행 연습을 매일매일 한 그녀는 결전의 날에도 조금도 떨지 않고 최고의 기량을 발휘해서 올림픽 사상 역대 최고점으로 금메달을 따는 데 성공하죠. 일본 국내에서 편안하게 훈련한 아사다 마오는 낯선 무대인 캐나다에서 제대로 실력을 발휘하지 못합니다.

최고의 기술력과 감성적인 연기를 선보이기 위해서는 성실한 훈련은 기본이겠죠. 하지만 정말 남과 다른 특별한 능력을 발휘하려면 지리적 상상력을 발휘해서 내가 가장 빛날 수 있는 장소를 잘 선택해야 합니다.

4년 후 소치 동계올림픽 때 김연아는 다시 올림픽 무대에 도전합니다. 비록 러시아 체육계의 텃세과 불공정한 판정으로 금메달을 따지는 못했지만(홈그라운드의 이점을 등에 업고 금메달을 딴 러시아 선수는 모든 일에서 지리가 역시 중요함을 우리에게 다시금 일깨워

내가 행복한 곳으로 가라

준다고 해야 할까요?) 아름다운 연기를 펼친 그녀는 승리자입니다. 소치 올림픽에서 공간적 의사 결정의 중요성을 보여준 또 다른 선수는 안현수, 아니 빅토르 안입니다.

한국은 전반적으로 빙상 스포츠에 약하지만 쇼트 스케이팅 분야만큼은 세계 최고입니다. 짧고 좁은 트랙을 계속 돌며 서로 눈치를 보고 몸싸움을 벌이다가 마지막 순간에 누가 스케이트 칼날을 먼저 결승점에 통과시키는지가 승부를 가르는 쇼트 트랙은 어쩌면 세계에서 가장 인구밀도가 높고 경쟁이 치열한 나라에서 훈련하기에 좋은 종목일지도 모릅니다.

안현수는 잦은 부상과 계속되는 불운으로 국제 경기에 출전할 기회를 얻지 못하고 국내 소속팀에서도 퇴출당합니다. 절망적인 위기 상황에서 그는 마지막 힘을 내서 자신에게 선수생활의 기회를 주는 러시아로 이동합니다. 그곳에서 뼈를 깎는 노력으로 서서히 기량을 회복하고 결국 올림픽 무대에서 금메달을 따고 러시아를 빛낸 스포츠 영웅으로 부상합니다. 비록 우리에게는 좀 슬픈 사례이기는 하지만, 그가 계속 국내에 머물렀다면 쇼트 트랙 선수로 뛸 기회 자체를 갖기 어려웠을 듯합니다.

'셈 치고 놀이'로 키운 공간 적응력, 성악가 조수미

1년 365일 중 330일을 길 위에서 보내야 할 정도로 전 세계에서 공연 요청이 쇄도하는 세계 정상의 성악가 조수미. 로마 산타 체칠리아 음악원을 조기 졸업하고 서른이 되기 전에 세계 5대 오페라 극장에서 공연을 하는 등 언제나 당당한 모습으로 노래하는 그녀의 인생에는 슬럼프가 전혀 없었을 것 같습니다.

하지만 나비같이 화려한 그녀에게도 애벌레 시절이 분명 있었고, 지금도 늘 짐을 풀고 싸기를 반복하는 고단한 여행자로 살면서 낯선 호텔 방에서 눈을 뜰 때 몰려오는 외로움은 크다고 합니다. 훌륭한 성악가가 되려면 타고난 재능과 성실한 노력이 기본이겠지만, 꿈을 이루기 위한 조수미만의 특별한 전략이 있지 않았을까요?

서울대 재학 시절 정신없이 놀고 연애하느라 제대로 성악 공부를 하지 않자 지도 교수님이 그녀를 이탈리아로 유학 아니 유배를 보냅니다. 적당한 시기에 큰물에서 제대로 공부할 수 있는 기회를 잡은 그녀는 성공의 날개를 달지만, 처음부터 그녀가 훨훨 날았던 것은 아닙니다. 이탈리아어도 잘 못하고 돈도 충분치 않은 동양 유학생이 피아노를 치며 노래를 마음껏 부를 수 있는 방을 구하는 것 자체가 고생의 연속이었습니다. 파업으로 제시간에 오지 않는 버스를 하염없이 기다리면서, 더 이상 시끄러워 못살겠다는 집주인에게 구박받으며 1년에도 몇 번씩 짐을 싸 이사를 다니면서 그녀는 다짐합니다. 언젠가는 로마에 밤에도 마음껏 노래 연습을 할 수 있는 마당 딸린 넓은 집을 갖겠다고. 또 외국에서 혼자 생활하면서 자신이 초라하게 느껴질 때마다 어릴 때 읽은 동화책《소공녀》의 주인공 세라에게 배운 '셈 치고 놀이'를 통해 당장 행복해지는 상상력을 발휘합니다.

갑부의 딸 세라는 공주님처럼 자라다가 어느 날 아버지의 갑작스러운 죽음으로 졸지에 가난뱅이가 되고 다락방으로 쫓겨나죠. 헌 옷을 입고 구멍 난 신발을 신은 채, 먹을 것조차 없어 굶주리던 어느 날 저녁 세라는 지저분한 침대와 낡은 책상 위에 촛불 하나 켜놓고 친구 베티를 초대합니다.

"베티, 이 책상은 하얀 레이스가 달린 멋진 테이블인 셈 치자. 그 테이블 위에는 은으로 만든 두 개의 촛대가 꽂혀 있고 방금 구워 온 따끈따끈한 빵과 통닭이 먹음직스럽게 놓여 있다고 치자."

낯선 무대에 설 때면 '어머니가 맨 앞에 앉아 미소를 지으며 나를 위해 기도해 주시고 있다고 상상하자', 낯선 도시의 호텔방에서 눈을 뜰 때면 '이곳이 나의 집이라고 생각하자'는 셈 치고 놀이로 전 세계 어디서든 긍정적인 에너지를 만들어 내고 자신감을 충전하는 연습을 합니다.

겨울에는 런던보다 더 썰렁하고 음산하다는 이탈리아 북부 도시, 밀라노의 라 스칼라 극장은 감상 수준이 높고 박수에 인색한 냉정한 관객들로 인해 베테랑 성악가들조차 떨게 하는 공포의 무대이지만, 그녀의 노래는 긴장감 넘치는 공간에서 오히려 더 빛이 납니다. 지리적 상상력이 풍부한 조수미는 작품 속 배경에 푹 빠져 등장인물에 몰입하는 능력이 탁월할 뿐 아니라 '셈 치고 놀이'를 통해 슬픔과 외로움을 이기는 법을 반복적으로 훈련했기 때문입니다.

씩씩하고 당당한 그녀에게도 슬럼프가 있었을까요? 로마에서 유학할 때 주변에 워낙 노래를 잘하는 학생들이 많아 기가 많이 죽었고, 특히 우승을 기대했던 핀란드 콩쿠르에서 불공정한 심사로 상을 받지 못하자 몇 달 동안 노래를 전혀 못 할 정도로 힘들었던 경험도 있다고 합니다.

그녀는 평소에도 불쌍한 사람들을 보면 바로 눈물을 흘릴 정도로 감성이 풍부한데, 좋은 성악가가 되려면 타인의 고통에 대한 공감 능력이 필수라고 하네요. 실연, 방황, 고통, 좌절의 시간을 거침으로써 다른 사람들의 지친 영혼을 위로하고 감동을 주는 노래를 부를 수 있게 된다는 거지요. 세상에 공짜 고생은 없습니다.

슈투트가르트 강철 나비의 치열한 날갯짓

세계적인 발레리나 강수진에게는 '최초'라는 수식어가 많이 붙습니다. 스위스 로잔 콩쿠르에 1위로 입상한 최초의 동양인, 슈투트가르트 발레단 최초 동양인 단원 등등. 한국 무용을 전공하다 뒤늦게 발레를 시작했지만 모나코 왕실 발레학교로 유학 간 후 밤을 새우며 피나는 노력을 하여 콩쿠르에서 우승합니다. 콩쿠르가 끝난 뒤 위세와 화려함이 대단한 뉴욕에서 발레를 배우라는 권유를 많이 받았으나 그녀는 스승과의 의리를 지킵니다. 모나코 발레계의 대모, 마리카 선생님의 집에 살면서 스승과 24시간을 동행하며 유럽의 언어와 문화를 자연스럽게 익힙니다. 또한 시간이 날 때마다 유럽의 유적지, 박물관, 미술관을 돌아보며 지리적 상상력을 기르고 교양을 쌓았습니다.

10대 후반 슈투트가르트 발레단에 최연소 입단하는 영광을 누린 그녀에게도 시련은 있었습니다. 실제로 프리마돈나의 기회를 얻기 위한 치열한 경쟁 속에서 이름 없는 백조 역할만 10년을 하며 힘들게 버텨야 했다고 합니다. 아무래도 발레의 중심지는 유럽이고 체격 조건이나 외모가 서구인에게 적합한 장르라는 편견이 강한 분야이기도 하니까요. 또한 포르쉐 등 명품 자동차를 생산하는 부자 도시 슈투트가르트는 외국인에게 보수적인 지역이고, 겨울이면 쌀쌀하고 음산한 날씨로 우울증에 걸리기 딱 좋은 곳입니다. 적은 월급을 받으며 햇볕도 잘 안 들고 곰팡이가 피는 지하 방에서 생활하면서 외로움과 스트레스가 컸던 그녀는 폭식을 하여 급격하게 체중이 불어난 적도 있었습니다.

하지만 30년 치열한 노력의 결과, 결국 슈투트가르트 발레단은 그녀를 최고로 빛나게 하는 무대, 나비로 변하게 하는 행복한 고치가 되었습니다. 그녀는 이름 없는 발레리나로 군무를 하던 고달픈 애벌레 시절, 순회 여행을 통해 다양한 세계를 경험하고 인생의 내공도 기를 수 있었다고 추억합니다. 전 세계 사람들이 알아서 몰려오는 뉴욕의 발레단은 국외로 나갈 필요가 별로 없겠지만 독일의 지방도시에 입지한 슈투트가르트 발레단은 해외 공연의 기회가 좀 더 자주 있었겠지요. 또 주인공일 때는 작품에 집중하느라 현지의 문화를 즐길 시간적, 정신적 여유가 거의 없지만, 조연일 때는 마음이 편하니 해외 공연 중 다양한 체험을 적극적으로 해보기에는 오히려 더 나은 조건이었다는 겁니다. 실제로 이 세상 그 누구보다 그녀를 잘 이해하는 배우자이자 터키 출신 선배 무용수였던 투치의 사랑을 순회 여행 중 이집트의 사막에서 확인했다고 하니, 긴 무명 생활이 그녀에게는 특별한 자산이 된 셈입니다.

혹독한 연습으로 어렵게 프리마돈나의 자리에 오른 강수진은 심한 부상으로 더 이상 춤을 추지 못할 수 있다는 의사의 진단을 받고

내가 행복한 곳으로 가라

인생의 큰 위기를 맞습니다. 30대 발레리나로서는 사형선고를 받은 셈이지만 그녀는 고치 속 죽음과도 같은 절망의 시간을 잘 견뎌내고 화려한 나비로 다시 태어납니다. 발가락이 성할 날이 없을 정도로 치열하게 연습하니 매일 아침 몸 어딘가가 아픈데, 가끔 몸이 안 아픈 날에는 '내가 어제 연습을 덜 했나' 자책하고 더 분발한다고 하니, 우아한 그녀의 몸짓은 치열한 노력의 결과인 게 분명합니다.

'밤새 비몽사몽 동작에 대해 생각하다 아침이 되면 침대에서 폴짝 뛰어 내려 (표현이 잘 안 되는 부분을) 직접 몸으로 시도해 보기도 했다. 생각을 몸으로 표현해 낼 때는 내가 마술사가 된 기분이다. 생각하는 대로 이루어지는 마술. 생각에 날개를 달아 주었더니 훨훨 날아가는 나비 같다. 그렇게 반복적으로 날려 보낸 나비들이 내 꿈을 이루었는지도 모르겠다.'

《나는 내일을 기다리지 않는다》(2013, 강수진 지음, 인플루엔셜 펴냄) 중에서

매일 밤 나비가 되는 상상을 하며 잠이 들고, 아침에 눈을 뜨자마자 바로 발레 연습에 돌입하는 삶을 반복하는 강철나비, 강수진. 두세 시간만 잠을 자고 나머지 시간은 다 발레에 바치는 치열한 삶을 30년 넘게 유지하다 보니 40대 중반을 훌쩍 넘기고도 현역 발레리나로 활동하는, 슈투트가르트 발레단 역사에서도 전무후무한 업

| 강철나비는 강수진의 트레이드마크가 되었다(위). 2015년 11월 은퇴 공연작 〈오네긴〉(아래).

"30년간 프로로 생활하며, 가장 기쁜 순간은 보잘것없는 일에서 왔다. 어제의 연습보다 오늘의 연습이 더 잘될 때 기뻤다. 공연장에서의 작은 반응도 무척 고마웠다. 힘든 건 부상을 당할 때였다. 움직일 수 없으니까. 그러나 부상 후 다시 돌아올 때 훨씬 강해져 돌아오니 거기에 대해서도 감사한다. 내 이름을 '강감사'로 해야 할 것 같다. 감사할 게 너무 많다." (은퇴 전 기자회견 중에서)

적을 남겼습니다. 당장 오늘 은퇴해도 후회나 아쉬움이 전혀 없다고 자신 있게 이야기할 정도로 최선을 다해 하루하루를 살아 낸 그녀가 이제는 국립발레단 단장으로 우리나라를 발레의 중심지로 만들기 위해 새로운 도전을 시작합니다.

지리적 관점에서 성공은 최고, 최초라는 수식어로 설명되는 결과가 아니라 '내가 행복한 곳에서 하고 싶은 일을 재미있게 하는 상태'가 아닐까 싶습니다. 이렇게 성공을 정의하게 되면 내가 빛나는 장소, 성공에 이르는 길은 각자 다를 수밖에 없겠죠. 내가 정말 행복하게 몰입할 수 있는 일만 제대로 찾는다면, 방황하다 출발이 좀 늦어도 괜찮지 않을까요? 행복한 성공에 이르는 고속도로로 진입한 셈이니까요.

QR 코드를 통해 발레리나 강수진이 치열한 시간을 보냈던
독일 슈투트가르트의 풍경을 만나 보세요.

고백의
여왕

미국의 오프라 윈프리 vs. 영국의 트레이시 에민

흑인 여성 방송 진행자 오프라 윈프리는 '토크쇼의 여왕'으로 불리며 미국에서 많은 돈을 벌었고 지금도 문화적으로 정치적으로 막강한 영향력을 행사하는 유명인사입니다. 그녀가 태어난 1954년 미국에서는 흑인과 백인을 분리시키고 공간적으로 차별하는 일이 법적으로 금지되었습니다. 오프라 윈프리는 결손가정, 성폭행, 조산과 아기의 죽음 등 지극히 불행한 자신의 과거를 자신만의 특별한 강점으로 변화시켰습니다. 세상에 완전히 좋은 일, 나쁜 일은 없는 것 같습니다. 다 우리가 해석하기 나름입니다. 성폭행을 당한 여성들은 안전한 세계가 무너지는 경험을 통해 극도의 불안과 두려움을 느끼는 한편 경계를 넘나들며 유연하게 세계를 볼 수 있는 능력도 함께 얻는다고 합니다.

그녀는 외할머니, 어머니, 아버지 집을 오가며 세 곳의 전혀 다른 지역에서 어린 시절과 청소년기를 보냅니다. 외할머니 댁은 미국 남부 미시시피 주의 한적한 시골 마을에 있었고, 어머니와 살던 곳은 북부 위스콘신 주의 대도시 밀워키의 백인이 많은 지역이었고, 아버지의 집은 남부 테네시 주의 흑인과 백인이 적절히 섞인 도시 내슈빌에 있었습니다. 다양한 환경의 장소에서 적응하며 보냈던 시간은 그녀가 토크쇼 진행자로 출연자들의 감정과 상황에 몰입하는 데, 그리고 다양한 계층의 사람들로부터 공감을 이끌어 내는 능력을 기르는 데 큰 도움이 되었습니다. 그녀가 자신의 이름을 건 토크쇼를 본격적으로 시작한 시카고는 그녀에게 행운의 장소였습니다. 흑인 인구의 비중이 높은 대도시에서 그녀는 진행자로서의 기반을 닦았고 이후 미국 전역에서 폭발적인 인기를 얻습니다.

한편 오프라 윈프리는 외롭고 힘들 때마다 도서관에 가서 책을 읽으며 지리적 상상력을 길렀습니다. 책을 읽으면 그 속에서 나만의 인생 멘토를 찾을 수 있을 뿐 아니라 사회에서 나와 잘 통하는 정신적 어머니를 만날 가능성도 생깁니다. 비록 그녀는 10대의 미혼모

어머니에게서 태어나 제대로 어머니의 사랑을 받을 수 없었지만 작가 마야 안젤루는 그녀에게 정신적 어머니가 되어 주었습니다. 생물학적 가족만 중요한 게 아니라 나에게 실질적인 도움을 주고 선한 영향력을 행사한다면 또 하나의 가족이 될 수도 있는 것이지요.

또한 생물학적 자녀가 없더라도 입양과 기부를 통해 나의 정신적 문화적 DNA를 확산시킨다면, 그 또한 의미 있는 일 아닐까요? 오프라 윈프리가 10대 시절 어머니 집에서 살 때 성폭행을 당해 임신하여 14세 때 조산한 아이는 비록 태어난 지 2주 만에 세상을 떠났지만 그녀는 아프리카에 딸들이 많습니다. 아프리카에서 건너 와 고달픈 노예로 살았던 조상들을 떠올리며 21세기 아프리카를 이끌어 갈 여성 리더를 키우기 위해 최고의 환경에서 소녀들을 교육시킬 수 있는 기숙학교를 남아프리카공화국에 세웠기 때문이죠. 절망을 희망으로 바꾸는 새로운 발상은 지리적 상상력과 결합될 때 더욱 강한 위력을 발휘합니다.

영국을 대표하는 현대미술가인 트레이시 에민은 '고백의 여왕'으로 불리며 현대 미술의 중심지인 런던에서 맹활약 중인 아티스트입니다. 솔직한 입담과 엉뚱한 캐릭터로 늘 특종에 목말라하는 기자들에게 특히 인기가 많습니다. 그녀의 작품은 무척이나 솔직하고 직설적이어서 자신의 가장 수치스러운 기억, 아픈 상처까지 다 까발리는 것이 특징입니다.

영국 동부 해안의 한물간 관광지, 마게이트에서 터키 출신 이민자 아버지와 영국인 어머니 사이에 태어난 그녀는 까무잡잡한 피부로 어린 시절부터 놀림을 많이 당했습니다. 가족을 버린 아버지가 사업까지 실패하자 집안 사정은 더 어려워졌고 그녀는 가출을 밥 먹듯이 하는 불량소녀가 되어 동네 남자아이들에게 성폭행까지 당합니다. 특히 의료사고로 충격적인 낙태를 경험한 후 그녀는 3년 넘게 감정적 자살 상태에 빠져 자포자기의 심정으로 살아갑니다. 거리의 알코올 중독자로 인생의 가장 밑바닥까지 떨어졌던 그녀는 고향의 새를 보면서 희망을 찾고 예술가로 다시 태어납니다.

지금도 영국 런던의 테이트 미술관에 가면 그녀의 지저분한 침대가 'My Bed'라는 제목으로 당당하게 전시되어 있습니다. 지저분한 얼룩으로 가득한 이불과 침대보가 덮인 침대 주변에는 술병, 담배꽁초, 방금 벗은 듯한 팬티와 스타킹, 콘돔, 임신테스트기 등 쓰레기가 가득합니다. 자신의 사적인 공간을 그대로 전시회장으로 보내버린 트레이시 에민! 세계적인 미술품 컬렉터 찰스 사치마저 경악시킨 엽기적인 작품으로 대중의 관심을 집중시킨 그녀는 스타 예술가로 확 떠버렸습니다.

부모와의 갈등, 고향에서 당한 성폭행, 가난과 수치심을 포함해 섹스, 낙태, 음주, 자위행위 등 그녀의 모든 사생활과 아픈 과거는 이후 그녀 작품의 중요한 소재가 됩니다. 아무도 못 말리는 그녀의 배짱과 자신감은 작품을 감상하는 관객들에게 통쾌한 해방감과 더불어 '나도 다시 뭔가를 시작하고 싶다'는 의욕을 불러일으킵니다. 솔직하게 고백함으로써 적극적으로 상처를 치유하고 돈, 명성과 함께 자유까지 얻은 그녀는 영국판 말괄량이 삐삐 같습니다.

| 트레이시 에민 | My Bed | 런던 테이트 미술관

내가 행복한 곳으로 가라

"난 9년 동안 구구단 같은 건 모르고도 잘 살았어요.
그리고 앞으로도 잘 살 거고요."
"그래. 하지만 그렇게 무식한 게 얼마나 창피한 일인지 생각해 보렴.
네가 어른이 됐을 때 누가 포르투갈의 수도가 어디냐고 물어봤는데
대답을 못 하면 기분이 어떻겠니?"
"그런 건 문제가 안 돼요.
'정 그렇게 포르투갈의 수도를 알고 싶으시면 포르투갈에
직접 편지로 물어보세요'라고 말하면 돼요."
삐삐는 장난스럽게 몸을 구부리더니 물구나무를 섰다.
"그리고 말이죠. 난 우리 아빠랑 같이 리스본에도 갔었어요."

| 영국 화가 존 밀레이(John Everett Millais)가 19세기 중엽 그린 〈눈먼 소녀〉라는 작품입니다. '눈먼 자에게 동정을'이라는 글귀를 들고 길거리에서 손풍금을 연주하며 겨우 먹고사는 고달픈 삶을 살아가지만 스코틀랜드의 아름다운 자연 속에서 두 자매는 행복해 보입니다. 비록 육신의 눈은 보이지 않지만 오감을 열어 자연을 체험하고 다양한 세계를 여행하며 길러진 지리적 상상력 덕분 아닐까요? 그녀에게 장애는 더 이상 절망이 아니라 희망의 날개임을 그녀 어깨 부근에 앉아 있는 작은 나비 한 마리가 잘 보여 주고 있는 듯합니다.

QR 코드를 통해 위 그림의 컬러 이미지를 볼 수 있습니다.

3부

도무지 길이 보이지 않나요?
당신에게 주는 지리 처방전

나만의
엘리펀트 카페를
찾아라

J. K. 롤링이 에든버러로 이동하지 않았다면, 글이 술술 잘 써지는 엘리펀트 카페를 발견하지 못했다면, 과연 《해리 포터》가 탄생할 수 있었을까요? 에든버러에 갈 때마다 엘리펀트 카페에 들릅니다. 그녀가 글을 쓰던 자리에서 창밖을 내다보면 《해리 포터》를 쓴 그녀의 심정을 이해할 수 있을 것만 같습니다. 하지만 제2의 J. K. 롤링을 꿈꾸며 글을 쓰는 작가들이 모두 에든버러에 갈 필요는 없는 것 아니겠어요? 각자의 꿈을 이루기 위한 최적의 장소, '나만의 엘리펀트 카페'를 찾으면 되는 거니까요. 그동안 갈고 닦은 '지리적 상상력'을 최대한 발휘해서요.

세상의 모든 지도는 우리의 호기심을 자극하고 지리적 상상력의 세계로 인도합니다. 외국어는 좀 못해도 괜찮지만(그 나라에서 마음에 드는 이성 친구를 만나 이야기를 나누다 보면 외국어는 금방 늘 거예요) 국내든 해외든, 세계 어디를 가든 그곳의 지도를 가까이하면 큰 도움이 되겠죠? 하지만 지도에 나오는 지명이나 정보를 스트레스 받으며 외울 필요는 전혀 없습니다. 그보다는 직접 새로운 세계를 탐색하며 지도에 나오지 않는 것들을 상상하고 새로운 가치를 발견할 필요가 있습니다. 진짜 세상을 만나는 체험과 다양한 지리적 경험, 새로운 것을 시도하고 내가 진짜 좋아하는 일을 찾아가는 열정, 아무리 힘들어도 중간에 포기하지 않는 인내심, 넘어지고 실수해도 툭툭 털고 다시 일어나 계속 도전하는 용기가 지식이나 시험 점수보다 훨씬 더 중요합니다.

하지만 지도조차 아직 만들어지지 않은, 완전히 새롭고 낯선 곳을 탐험할 때는 어떻게 해야 할까요? 게임의 규칙이 계속 바뀌는 세계, 지도와 나침반도 소용없을 정도로 한 치 앞도 내다보기 힘든 안개 속 세상에서 독립적으로 사고하고 판단하는 힘을 기르려면 책과 교과서, 어른들이 주입하는 상식conventional wisdom에 갇히지 않아야 합니다. 고정관념과 편견에서 벗어나 나의 특별한 느낌과 행복한 경험이 담긴, 나만의 비밀 지도를 만들어 나가는 능력이 중요합니다. 그 과정에서 장소와 공간에 대한 감수성은 필수이고요. (지식과 언어 능력이 부족하면 생존을 위해 지리학자로서의 본능과 감각이 더 날카로워질 수도!) 부모님이나 선생님, 어른들의 말은 참고만 하고 내 마음 깊은 곳의 목소리에 귀 기울이는 게 우선입니다.

그리고 잊지 마세요. 원대한 꿈과 목표를 성취하고 부와 권력을 얻는 것도 의미 있겠지만, 누가 뭐라고 해도 내가 행복한 장소를 찾는 것이 우선입니다. 세상의 모든 변화는 행복한 나의 마음에서 시작하니까요. 내가 사랑하는 사람들과 함께 행복할 수 있는, 소박하지만 가치 있는 공간을 조금씩 늘려 가다 보면 성공은 저절로 따라오지 않을까요?

세계에서 성경 다음으로 많이 팔린 책의 작가로서 부와 영예를 누린 추리소설의 여왕 애거서 크리스티에게도 슬프고 고통스러운 시간이 있었습니다. 상처받은 마음을 치유하기 위해 오리엔탈 특급 열차를 타고 터키, 그리스, 이집트, 이라크 등 새로운 곳을 여행하다 새로운 사랑을 만났고 추리소설의 소재와 영역도 계속 확장시켜 나갈 수 있었습니다. 평범한 일상 속에서도 오감을 열어 풍경을 섬세하게 묘사하고 날카로운 관찰력으로 매력적인 주인공을 창조한 그녀는 지리적 상상력이 풍부한 대표적인 인물입니다.

애거서 크리스티는 행복한 추억이 많은 고향 토키를 배경으로 추리소설을 썼는데, 지금도 그녀의 지리적 상상력 덕분에 전 세계 추리소설 마니아들이 토키를 찾고 매년 9월에는 성대한 애거서 크

내가 행복한 곳으로 가라

리스티 축제도 열립니다. 답답한 고치를 벗어나 추리소설의 새로운 영역을 개척하고 행복한 공간을 열심히 찾아다니며 나비처럼 살고자 했던 그녀를 저도 닮고 싶습니다.

QR 코드를 통해 애거서 크리스티의 고향인 영국 잉글랜드 데번 주의
토키 이곳저곳에 깃들어 있는 작가의 흔적과 만나 보세요.

한국으로
날아 온
이국의 나비들

불치병 환자에게 세계 여행을 처방한 의사

19세기 영국의 남자들은 열심히 세계지리를 배워 전 세계로 진출했지만 여성들은 집에만 갇혀 있어야 했습니다. 똑똑한 중산층 여성들에게 사회적으로 허용되는 직업은 간호사(그것도 나이팅게일이 전쟁터의 야전병원을 직접 답사해 간호사의 손길이 필요함을 증명하고 투쟁을 벌인 후에야)와 교사 정도였고, 가정과 실내에만 머물러 있어야 했습니다. 상류층 여성은 혼자 외출만 해도 구설수에 올랐던 빅토리아 여왕 시대에 여자 혼자 떠나는 해외여행은 꿈도 꿀 수 없었습니다.

영국의 최상류층 가문에서 학식이 높고 존경받는 목사의 만딸로 태어난 이사벨라 버드는 사춘기 시절부터 몸이 많이 아팠습니다. 척추의 종양을 제거하는 큰 수술을 받고 여러 질병으로 고통스런 나날을 보내는 그녀에게 사랑과 결혼은 사치였습니다. 독한 약을 쓰고 아무리 치료를 해도 낫지 않는 환자들, 특히 젊은 여성들에게 의사들은 마지막으로 세계 여행을 처방했습니다. 미국으로 가는 배에서 풍랑을 만나고 낯선 곳에서 고생도 많았지만 새로운 곳을 여행하며 그녀는 병이 낫는 기적을 체험합니다. (여성에게 억압적인 영국을 떠나 자유롭게 생활하니 스트레스도 사라지고 웬만한 병도 저절로 낫지 않겠습니까?)

이후 그녀는 병이 악화되어 의사가 여행을 처방하면 짐을 꾸려 새로운 곳을 여행하고, 돌아오면 그 경험을 책으로 써내는 삶을 반복합니다. 조신하게 치마를 입고 오지를 여행한 후 그 경험을 실감나게 묘사한 여행기는 빅토리아 시대 여성들에게 혼자 여행을 떠날 용기를 주었고 답답한 정신의 코르셋을 풀어 주는 효과가 있었습니다. 사경을 헤매는 여동생 헨리에타를 헌신적으로 간호한 연하의 스코틀랜드 출신 의사, 비숍과 결혼하여 짧게 주부로서의 삶도 살았지만, 남편이 갑자기 세상을 떠나자 그녀는 슬픔과 고통을 잊기 위해 다시 여행 가방을 꾸립니다. 세상의 가난하고 고통 받는 사람들을 위한 병원을 세우고 싶다는 남편의 꿈을 실현시키기도 하고, 열대 과일 망고스틴의 맛이 궁금한 빅토리아 여왕에게 동남아 이야기를 들려주며 그녀의 지리적 상상력을 자극하기도 합니다.

중동, 동남아, 동아시아의 여러 지역을 꼼꼼히 답사하고 정확하게 기록한 그녀의 여행기는 웬만한 남성 지리학자의 연구보다 깊이가 있었지만 쪼잔한 남성 지리학자들은 그녀의 업적과 공로를 인정하는 데 인색했습니다. 아픈 몸을 이끌고 환갑이 넘어 극동의 한국을 찾은 그녀는 한국의 아름다운 자연과 사람들에게 매료됩니다. 고종과 명성황후부터 시골의 아낙까지 다양한 사람들을 만나고, 나귀와 나룻배를 타고 측량을 하고 사진을 직접 찍으며 철저한 현지조사를 마친 후 그녀는 인생 최대의 역작《한국과 그 이웃 나라들》을 저술합니다. 당시 서구에 제대로 알려지지 않은 조용한 아침의 나라, 한국에 대한 정확한 정보와 함께 한국 사람에 대한 애정과 축복으로 가득한 두꺼운 학술서적은 그녀 인생 최고의 베스트셀러가 되고, 보수적인 왕립지리학회마저 그녀를 영국 최초의 여성 지리학자로 인정하지 않을 수 없게 만들었습니다.

몸이 아픈 환자로 어려운 시기를 잘 견디고 꿈과 희망을 잃지 않기 위해서도 지리적 상상력이 중요합니다. 특히 병원에서 많이 아팠던 경험은 세상의 모든 아픈 사람들과 소통하고 그들의 고통에 공감하는 능력을 기르는 데 큰 도움이 되었을 것 같습니다. 그녀가 아픈 몸을 이끌고 환갑이 넘어 한국을 여행하지 않았다면, 여성인 저는 지리학자가 될 수 없었을지도 모릅니다. 너무 늦었다고 후회하거나 포기하지 말고, 지금 당장 일어나 다시 시작하세요.

나비처럼 계속 변신한 화교 사업가 원국동

전 세계 어느 도시를 가든 현지 상권을 장악하고 활발하게 경제 활동을 하는 화교들을 쉽게 만날 수 있습니다. 그런데 유독 한국에서는 생존력 강한 화교들조차 제대로 뿌리를 내리지 못하는 것 같습니다. 단일 민족의 역사를 강조하다 보니, 외국인에 대한 편견과 차별이 심해서일까요? 하지만 불리한 조건에도 좌절하지 않고 지리적 상상력을 발휘해 나비처럼 계속 움직이고 변신하며 새로운 영역을 개척해 온 한국 출신 화교도 있습니다.

중국인 아버지와 한국인 어머니 사이에서 태어난 원국동 회장은 화교학교를 졸업한 후 원래는 대학에서 러시아 문학을 전공하고 싶었다고 합니다. 하지만 한의사였던 아버지의 반대로 어쩔 수 없이 국내 대학에서 한의학을 공부하고 중국으로 유학을 떠나 베이징 대학에서 한의학 박사학위까지 받습니다. 명의로 입소문이 나면서 환자들이 몰려들어 돈도 꽤 벌었지만, 중국과는 달리 한국에서는 한의

사로서 치료할 수 있는 영역이 법으로 제한되어 있어 답답했다고 합니다. 그리고 가난한 환자들에게 돈을 받는 것이 무엇보다 고역이었다고요. 그 외에도 외국인으로 한국에 살면서 여러 가지 제도적 차별을 많이 받아 마음고생도 심했다고 합니다.

고민 끝에 한국에서 한창 잘되던 한의원을 과감히 접은 그는 대만으로 건너가 음식점, 부동산 사업을 시작해 큰 성공을 거둡니다. 차별을 더 큰 세계로 나가는 디딤돌로 삼은 것이죠(참고로, '나비왕국'으로 불리는 대만은 다양한 나비 종이 서식하는 아시아의 대표적인 나비 밀집 지역으로 유명한데, 심지어 대만 여권에 나비 문양이 사용될 정도입니다).

1998년 IMF 외환 위기가 닥쳐 외국인의 부동산 보유를 제한하는 규제가 풀리자 한국으로 다시 돌아온 그는 자신이 재미를 느끼며 의미 있게 할 수 있는 일을 적극적으로 찾기 시작했습니다. 젊은 시절 문학을 공부하고 싶었던 꿈을 펼치기 위해 출판사를 차려 중국의 문화와 역사를 소개하고 사람들의 마음을 치유하는 책을 펴내기도 했고, 2년마다 열리는 화교 사업가들의 경제 올림픽이라고 할 수 있는 세계화상대회가 2005년 (세계에서 화교 경제가 가장 빈약한) 한국에서 개최되도록 합니다. 원래 일본에서 유치한 대규모 국제행사였는데 그의 끈질긴 노력으로 막판 뒤집기에 성공함으로써 우리나라 경제에 큰 도움이 되는 작은 혁명을 일으킨 셈입니다.

내가 행복한 곳으로 가라

그러나 그는 사람들이 새로운 영역에 관심을 가지도록 물꼬를 트고 혁신을 일으킨 다음에는, 그곳에 안주하고 결실을 누리기보다 또 다른 곳으로 재미있는 모험을 찾아 나비처럼 이동합니다. 요즘은 자연이 아름답고 역사 문화 유적이 풍부한 강화도에 특급 호텔을 세우고 의학적 효능이 다양한 라벤더를 대량으로 재배해 향기로운 정원을 가꾸어 나가며 행복한 CEO로 변신 중입니다(호텔 외벽에는 그의 꿈을 상징하는 나비 열두 마리가 붙어 있습니다). 아직은 한반도에서도 변방인 강화도를 세계적인 라벤더 산지, 국제적인 힐링 중심지로 만들고 화교 네트워크를 동원해 중국인 관광객을 유치하기 위해 노력하고 있으니, 그 어떤 한국인보다 한국의 공간이 지닌 가치를 알아보고 잘 가꾸고 있는 셈입니다.

이제는 우리도 한 개인과 기업이 실제로 우리나라에 행복한 공간을 어떻게 늘려 가고, 지역 사회와 공동체에 얼마나 긍정적인 영향력을 미치고 있느냐를 기준으로 성공을 정의하고 그 삶을 평가해야 하지 않을까요?

이사벨라 버드 비숍이 아픈 몸과 마음을 치유했던 행복한 공간.
QR 코드를 통해 스코틀랜드 서부 토버머리 섬의 아름다운 풍경과 만나 보세요.

다문화 선진국
동남아시아

'대한민국이 답하지 않으면 세상이 답하게 하라'며 한국 젊은이들에게 용기를 북돋워 주며 응원하는 CEO 스위트 김은미 대표에게 동남아는 사랑과 성공 두 마리 토끼를 다 잡게 해준 행운의 장소였습니다. 한국에서 비록 명문대를 졸업하고 외국계 은행에서 잘나가던 골드 미스였지만, 왠지 몸에 맞지 않는 옷을 입은 느낌이었다고 합니다. 호주로 유학하여 새로운 세계에 도전하고, 기업에 업무 공간과 서비스를 제공하는 호주 회사에 취직합니다. 호주와 뉴질랜드는 성격차지수Gender Gap Index에서 높은 순위를 차지하는 곳으로 야망이 큰 여성들이 꿈을 펼치기 좋은 곳입니다.

특히 호주는 동남아를 연구하는 학자들이나 동남아에서 사업을 꿈꾸는 사람들에게는 좋은 스프링보드가 되는 곳입니다. 호주 인구가 2천만, 그러니까 우리나라의 수도권 인구 정도에 불과한 사람들이 넓은 땅에서 살아가다 보니, 인구가 많은 주변 인도네시아나 인근 아시아 지역 사람들이 호주를 장악할지 모른다는 불안감이 큽니다. 그래서 백인을 우대하고 유색인을 차별하는 백호주의 정책을 펴기도 한 것이지요. 최근에는 아시아 지역 사람들에 대한 편견이 조금씩 줄어들고 있고, 인근 아시아 국가와의 교류와 협력도 증가하는 추세이긴 합니다. 실제로 호주는 한국인이 이민 가고 싶은 국가로 인기가 높고 교육 수준과 삶의 질이 높은 편이지만, 문제는 대학 졸업 이후입니다. 워낙 인구가 적다 보니 괜찮은 일자리가 아주 적어 호주인끼리도 경쟁이 치열합니다. 그래서 호주의 대학을 졸업한 학생들은 외국으로 일자리를 찾아 나가는 경우가 많습니다.

베트남 하노이에서 시작된 성공적인 사회적 기업 KOTO^{Know One, Teach One}를 설립한 지미 팜도 호주 출신이었습니다. 베트남인 어머니, 한국인 아버지를 둔 그는 호주에서 학교를 다녔습니다. 관광 가이드로 일하던 중 베트남 하노이에 갔다가 구걸하는 거리의 아이들을 보고 마음이 아팠습니다. 그는 서구 관광객의 취향과 입맛에 맞는 베트남 음식을 전문으로 하는 레스토랑과 빈곤 아동의 자립을 돕는 교육 프로그램을 결합시키는 아이디어를 떠올립니다. 길거리에서 구걸하던 아이들을 근사한 레스토랑에서 일하는 요리사로 변신시키고 싶다는 특별한 상상이지요. 모두에게 좋은 일을 꿈꿨던 그의 뚜렷한 비전 덕분에 하노이의 허름한 샌드위치 가게에서 시작된 KOTO는 하노이뿐 아니라 호치민 시에서도 서구 관광객에게 특별한 사랑을 받는 유명한 레스토랑이 되었습니다. 클린턴 대통령이 베트남을 방문했을 때도 KOTO를 방문하여 식사를 했을 정도로요.

우리는 음식의 중심지로 중국이나 유럽의 프랑스, 이탈리아 같은 나라를 쉽게 떠올립니다. 하지만 CNN에서 세계에서 가장 맛있는 음식 50개를 조사한 결과, 태국을 비롯한 동남아 국가의 음식이 중국이나 이탈리아 음식보다 더 많이 순위에 올랐습니다. 첫 조사에서 김치, 불고기 등 한국 음식은 50대 음식 순위에 하나도 들지 못했고요. 한국 정부와 국민들의 불만이 큰 가운데 CNN에서 재조사를 했는데, 한국 음식과 함께 동남아 음식들이 더 많이 순위에 올랐습니다. 특히 인도네시아 수마트라 미낭카바우 여성들이 먼 길 떠나는 남편과 아들을 위해 만드는 어머니의 음식, 소고기 렌당이 세계에서 가장 맛있는 음식 1위에 올라 화제가 되기도 했습니다.

또한 동남아는 다양한 문화와 사람들을 너그럽게 품어 주는 행복한 기회의 땅입니다. 여성, 장애인, 성적 소수자 등 사회적 약자를 배려하는 다문화 선진국이기도 하지요. 제가 여러분에게 추천하고 싶은 곳도 바로 동남아입니다.

CNN 조사 세계에서 가장 맛있는 음식 순위

1위 렌당(인도네시아)

2위 나시고랭(인도네시아)

3위 스시(일본)

4위 톰양쿵(태국)

5위 팟타이(태국)

6위 솜땀(태국)

7위 딤섬(홍콩)

8위 라멘(일본)

9위 북경오리(중국)

10위 마싸만 커리(태국)

11위 라자냐(이탈리아)

12위 김치(대한민국)

QR 코드를 통해 인도네시아 수마트라 미낭카바우의 음식
렌당 만드는 법 영상과 행복지수 높은 동남아의 풍경을 볼 수 있습니다.

죽음마저
어디서 죽느냐가
중요하다

프로이트와 아들러

비엔나는 19세기 정치, 경제, 문화, 학문의 중심지였습니다. 프로이트는 유태인 가정에서 자랐고 여러 외국어에 능통했습니다. 고대 그리스, 로마 신화에서 힌트를 얻어 인간의 정신세계를 새로운 방식으로 분석하고 자신의 집에 있는 상담실에서 정신적으로 고통 받는 환자들, 특히 부잣집 여성들을 주로 치료합니다. 그는 20세기 위대한 학자로 칭송받지만 최근에는 비판도 적지 않습니다. 《우상의 추락》이라는 두꺼운 책에서 프로이트의 이론과 그의 사생활을 꼼꼼히

내가 행복한 곳으로 가라

파헤친 프랑스 학자 미셸 옹프레는 프로이트가 과학자라기보다는 돌팔이 의사에 가깝다고 혹평했습니다.

연구 데이터를 교묘하게 조작했고, 환자들이 치료를 받아 세상에 나가 자립하는 것을 목표로 하기보다는 평생 심리 상담을 받게끔 하는 식으로 본질을 왜곡했다는 것이지요. 환자들은 어두컴컴한 상담실과 과거의 상처에 가두어 두고서 그 자신은 신화의 본고장인 이탈리아로, 그리스로 여행을 떠나 새로운 영감을 얻고 재충전했습니다. 세계 여행을 통해 지리적 상상력을 기르고 새로운 학문의 세계를 개척한 그는 나치의 유태인 탄압이 심해지자 1939년 죽기 직전에 런던으로 이주합니다.

이미 암에 걸려 몸은 쇠약해진 상태였지만 그의 사후에 딸이 그의 모든 학문적 유산과 심리학의 정통성을 상속받습니다. 그녀는 아버지의 저작물을 계속 영어로 번역했고, 프로이트 심리학은 미국으로 건너가 꽃을 피웁니다. 그러면서 개인만이 중요하다는 사고를 강화하게 되지요. 인간은 환경의 영향을 받기에 개인의 노력 못지않게 사회·문화적 환경도 중요하다는 생각은 은폐되는 겁니다. 미국은 세계에서 가장 우울증 약을 많이 소비하는 나라가 되었고, 반면 지리교육은 세계에서 가장 부실한 국가 중 하나가 되었습니다. 실내에만 갇혀 살다 보니 전체 인구의 절반 이상이 과체중과 비만에 시달립니다. 실험실과 상담실에 갇힌 심리학은 그래서 인간의 자유를 억

압하고 변화할 수 있는 희망의 가능성을 차단하기도 합니다.

반면 요즘 주목받는 심리학자 알프레드 아들러는 개인의 노력과 더불어 교육을 통한 변화, 공동체와 사회 환경의 중요성을 강조합니다. 아들러 심리학이 미국 사회에 많은 영향을 끼쳤음에도 그가 프로이트만큼 제대로 알려지지 않은 까닭은 무엇일까요? 프로이트 심리학은 우선 미국의 개인주의와 궁합이 잘 맞았습니다. 하지만 모든 문제는 자신의 어린 시절 트라우마와 성욕과 관련되어 있다는 관점은 지리적 상상력을 제한합니다. 안락한 상담실에서 어린 시절의 상처를 반복적으로 떠올리게 하여 새로운 삶을 시도할 기회와 사회를 개선할 에너지를 무력화시키는 것이지요. 조금 부끄러움을 잘 타는 정도인 사람을 정신병 환자로 진단해 약을 먹게 하는 우울증 치료제 남용 문화로 이어지기도 했습니다.

최근 심리학계에서도 프로이트의 심리학을 넘어서기 위한 새로운 시도들이 활발합니다. 그동안 심리학은 인간 심리의 정상적인 상태를 가정하고 이것을 벗어나면 다 이상심리로 진단했습니다. 인간의 자유와 다양성, 창의성이 꽃필 수 있는 환경을 간과한 것이지요. 하지만 다름을 인정하고 개개인이 행복한 삶이 목적인 새로운 심리학이 시도되고 있습니다. '우리는 다 이상해요. 우리가 다 똑같다면 그게 더 이상한 거죠.' 긍정심리학 분야를 오랫동안 연구한 서울대

권석만 교수의 말입니다.

그리고 여기서 한 걸음 더 나아가 '집과 직장에서 벗어나 당신이 행복하고 편안한 제3의 공간을 만들라, 실내에서 벗어나 아름다운 자연 속에서 다양한 경험을 하라, 특히 행복해지고 싶다면 사랑하는 사람과 여행을 떠나라'고 지리적 처방을 내리는 행복심리학자 최인철 교수도 등장했습니다. 프로이트의 의자에서 일어나 사람들이 숨쉬고 살아가는 진짜 세계로 나아가게 하는 심리학, 서로 다른 문화 속에서 다르게 나타날 수밖에 없는 인간의 심리를 파헤친《생각의 지도》같은 책들이 주목을 받고 있는 것이지요.

프로이트와 아들러의 사후 평가가 엇갈린 배경에는 공간적 요인이 있다고 봅니다. 말년에 구강암으로 고생하던 프로이트는 아픈 몸을 이끌고 자신의 학문적 후계자인 막내딸과 함께 기차를 타고 바다를 건너 런던으로 이주했습니다. 비엔나에 있던 집과 똑같은 실내 구조를 한 집에서 생의 마지막 순간까지 열정적으로 저술 작업을 했고, 그의 딸이 아버지의 모든 독일어 저작을 영어로 번역했습니다. 나치의 박해를 피해 영국과 미국으로 이주한 많은 유태인들이 그의 학문적 업적을 영미권에 전파하는 데 큰 힘이 되었습니다.

반면 아들러는 1937년 5월의 어느 날 67세의 이른 나이에 스코틀랜드 애버딘에서 객사했습니다. 강연자로 초청받아 간 그곳에서 아침에 산책 나갔다가 쓰러져 갑자기 세상을 떠난 것이지요. 지금도 스코틀랜드의 시골은 교통이 불편하고 인적이 드문 곳이 많습니다. 유언장도 제대로 작성하지 못하고 죽음의 준비도 되어 있지 않았으니 그의 학문적 성취와 저작들도 제대로 관리되기 힘들었을 것 같습니다.

이래서 어디에서 어떻게 죽는가도 참으로 중요합니다. 비록 내가 태어나는 곳은 선택할 수 없지만 죽는 곳은 선택할 수 있습니다. 그래도 내가 원하는 곳에서 죽을 확률을 높일 수 있는 것이지요. 평소에 엉망으로 살던 불량배도 나라를 위해 싸우다 전쟁터에서 전사하면 국립묘지에 안장되어 국가의 영웅으로 기억되는 법입니다. 처음보다 끝이 중요합니다. 평소 죽음의 장소를 미리 상상하고 죽음도 잘 준비하며 살아야겠다는 생각이 듭니다.

공간을
만든
사람들

　　노출 콘크리트 기법으로 유명한 안도 다다오는 일본을 넘어 아시아를 대표하는 세계적인 건축가입니다. 하지만 그는 대학에서 건축을 전공하지도 않았고, 학창 시절에는 공부와는 거리가 먼 권투 선수로 활약했습니다. 하지만 고등학교 때 혼자 배를 타고 태국으로 가서 권투 경기를 치를 정도로 깡이 넘치는 용감한 청소년이었고, 어릴 적 동네 친구들과 열심히 놀러 다니며 체력과 감성을 길렀습니다. 학벌도 배경도 변변치 않은 그에게 일을 맡기는 사람이 없었기에 그는 고향의 작은 집에서 건축 설계를 시작했고 주변의 환경을 그대로 살리는 그만의 독특한 건축 양식이 조금씩 학계의 인정을 받기 시작합니다. 경제적 이익을 우선시하는 획일적 공간 설계가 아니라 그곳에서 살아가는 사람들의 마음과 생활을 배려하는 새로운 스타일의 건축은 안도 다다오의 트레이드마크가 되었습니다. 좁은 땅, 적은 예산으로 건물을 지어야 하는 한계 상황이 그가 지리적 상상력을 기르기에는 오히려 유리한 환경이 되지 않았을까요?

또한 젊은 시절 그는 책을 많이 읽고 수시로 배낭여행을 떠났습니다. 건축사무소에서 일하며 헌책방에서 구한 외국의 건축 서적을 틈틈이 읽다가 돈이 조금 모이면 바로 짐을 싸 여행을 떠나는 라이프스타일을 실행한 거죠. 비록 정식으로 대학 교육을 받지는 않았지만 현장에서 건축을 배우고, 일본의 전통 마을을 답사하고 전 세계의 건축물을 직접 보고 느끼는 체험을 통해 건축가로서의 기본기를 다진 셈입니다.

세계적 건축가 르 코르뷔지에(1887~1965)도 여행을 통해 영감을 많이 얻었고, 성당과 교회, 이슬람 사원 같은 종교 건축물, 소박하지만 오래된 공동체 마을에 관심이 많았습니다. 시계로 유명한 스위스의 작은 도시에서 장인의 아들로 태어나 원래는 장식미술을 전공했던 그는 20대 초반 친구와 함께 유럽과 이슬람 국가를 돌아보는 동방 여행을 떠납니다. 베를린, 드레스덴, 프라하, 빈, 부다페스트, 베오그라드, 부쿠레슈티, 콘스탄티노플, 아토스 산, 살로니카, 아테네, 델

포이를 지나 나폴리, 폼페이, 피렌체, 루체른으로 돌아오는 빡빡한 일정을 소화한 후 그는 건축가로 다시 태어납니다. 프랑스에서 활동하며 이름도 '르 코르뷔지에'로 바꾸고 많은 사람들을 행복하게 할 수 있는 공간 설계, 공동체를 위한 새로운 건축 양식을 제안합니다.

당시 파리는 다양한 아이디어가 논의되고 창의적 인재가 몰려드는 문화·예술의 중심지였지만 르 코르뷔지에가 건축가의 꿈을 펼치기에는 너무 좁은 공간이었던 것 같습니다. 세계 최고라는 자부심이 강한 프랑스 사람들은 전통을 변화시키는 새로운 건축에 대해 거부감이 컸고, 이미 아름다운 건물들이 밀집되어 있는 파리에는 그의 창의적 아이디어를 실현할 수 있는 빈 공간이 거의 남아 있지 않았기 때문이지요.

르 코르뷔지에는 자신의 이상을 실현시킬 수 있는 공간을 찾아 세계 각지를 여행합니다. 유럽을 넘어 북아프리카의 알제리, 중남미의 브라질과 아르헨티나, 인도에서도 오지였던 펀자브 지방까지 찾아가 혁신적인 건축 양식과 도시 계획을 시도하고 미래 건축의 새로운 방향을 제시했습니다. 시류에 영합하거나 자본에 타협하지 않고 꼿꼿이 자기 길을 걸어가는 스위스 출신 건축가를 싫어하고 공격하는 사람들이 프랑스 안에 의외로 많았기에 르 코르뷔지에는 더 적극적으로 변방과 오지로 향했는지도 모릅니다.

그는 개인적인 상처도 많았습니다. 피아노 선생님이었던 어머니는 음악가의 길을 걷는 큰아들만 편애하고 둘째 아들 르 코르뷔지에한테는 평생 냉정했습니다. 그는 유명한 건축가가 된 이후 어머니를 위해 스위스 레만 호수 근처에 멋진 집도 지어 드리고 어머니의 이름을 넣은 아름다운 성당을 건축하여 어머니를 기쁘게 해드리고 싶었지만 100세까지 장수한 어머니는 늘 불평하며 건축가 아들을 못마땅해 했답니다.

평생을 적들과 싸우며 일하느라 늘 피곤했던 그는 프랑스 남부 지중해 인근의 자연이 아름다운 곳에 소박한 안식처를 마련했습니다. 영혼의 동반자였던 아내마저 세상을 떠나자 르 코르뷔지에는 햇살이 따뜻하고 바다가 바로 앞에 있는 상자 모양의 작은 오두막에서 어린 시절 친구들과 자연에서 마음껏 뛰어 놀았던 행복한 추억을 떠올리며 더 많은 시간을 보냅니다. 1965년 8월 햇살이 눈부신 여름날 집 앞 바다에서 수영을 즐기던 그는 심장이 갑자기 멈추면서 치열했던 건축가의 삶을 마감합니다. 르 코르뷔지에가 세상을 떠난 지 50년 넘게 흘렀지만 그가 꿈꾸었던 이상적인 공간 계획과 건축 설계 방식은 지금도 전 세계 건축가들에게 영향을 끼치고 있으니, 그의 나비 효과는 여전히 현재 진행 중입니다.

나비마법의
공식

제가 정리해 둔 '나비마법 공식'이라는 것이 있습니다. 세계적으로 영향력을 끼친 훌륭한 인물들은 신기하게도 분야에 상관없이 이 나비마법의 1~5단계를 모두 경험한 분들이 많습니다. 이 5단계를 충실히 밟아 나가게 되면 나비가 된 후에도 더 멋지게 오래 살고, 그 날갯짓이 더 멀리까지 영향을 미치는 강한 나비 효과를 불러일으킵니다.

여러분이 지리적 상상력을 펼쳐 자신의 삶을 만들어 나갈 때 세계지도와 함께 이 나비마법의 공식을 참고해 보세요.

나비마법 1단계

알에서 깨어나 일단 세상 밖으로 나와 꿈틀거려야 한다.

움직이면 살고 안주하면(움츠리면) 죽습니다. 지금 필요한 것은 세상 밖으로 나올 용기입니다.

나비마법 2단계

여기저기 다니며 열심히 먹어 힘을 길러 둔다. 나에게 맞는 공간이 어디인지 치열하게 탐색한다. 다양한 지리적 경험을 하는 것이 중요하다.

다양한 장소를 경험하는 시기이자 매우 고달픈 시기입니다. 하지만 이때 세상을 보는 눈이 길러지지요. 거절도 당하고 비웃음도 당할 수 있습니다. 내 모습이 누추하고 창피해도 참아내야 합니다. 고통 받는 약자들에 대한 공감 능력을 기를 수 있는 시기입니다.

나비마법 3단계

나에게 맞는 장소를 발견하여 고치를 만들어야 한다.

나만의 행복한 장소를 찾아내야 합니다. 혼자 책을 읽고 수련하고 생각하며 집중적으로 실력을 길러야 하는 시기이지요. 글이나 논문을 쓰든, 그림을 그리든 자신의 세계를 구축하는 시기로, 3만 시간의 법칙이 적용되는 시기이기도 하지요. 안전한 장소, 상처받은 마음을 치유하고 성장하는 공간이 필요합니다. J. K. 롤링처럼 나만의

내가 행복한 곳으로 가라

엘리펀트 카페를 찾아야 하는 것이지요.

나비마법 4단계

캄캄한 절망과 죽을지도 모른다는 두려움을 홀로 견뎌야 한다. 지리적 상상력의 집중 훈련기.

실패의 위험을 감수해야 합니다. 이때 포기하는 사람이 많지만, 정말 극적인 변화는 이 단계에서 이루어집니다. 특히 마지막 번데기를 찢고 나오는 과정이 중요합니다. 아무리 힘들어도 나비가 될 준비는 결국 혼자 해야 하지요. 다른 사람의 조롱과 비난, 전혀 성장하지 않는 것 같은 불안, 죽을지도 모른다는 절망을 홀로 견뎌내야 진짜 나비가 될 수 있습니다. 죽어야 부활할 수 있고, 진짜 날아갈 수 있지요. 조기 성공한 사람은 이 단계를 대충 지나가게 되고 그만큼 나비 효과가 덜 나타납니다. 고생을 진하게 한 사람일수록 비록 나비였던 기간은 짧더라도 그 나비 효과는 더 널리, 오랫동안 퍼져 나갑니다.

나비마법 5단계

우아한 나비가 되어 자유롭게 세상을 날다.

자신의 꿈을 실현하기 위해 자유롭게 이동할 수 있습니다. 많이 이동하는 나비도 있고, 조금만 이동하는 나비도 있고, 한 방향으로

만 다니는 나비도 있고…… 각자의 개성에 따라 다른 삶, 다른 나비 효과를 보여 줍니다.

특히 4단계를 잘 버틴 사람이 대성합니다. 절망적인 상황은 어쩌면 지리적 상상력을 단련할 수 있는 혹독한 기회인지 모릅니다. 그렇다면 세계에서 지리적 상상력이 가장 발달한 민족은 어느 민족일까요? 수용소에서 죽음을 기다리던 유태인들입니다. 그들은 수용소에서 나비를 그리면서 기다리고 버텨냈습니다. 현재 유태인을 바라보는 다양한 관점이 있을 수 있겠습니다만, 그들이 세계 도시 뉴욕과 런던을 움직이고, 노벨상 수상자의 대부분을 차지하며, 정보혁명을 이끌고, 창조적인 분야에서 엄청난 활약을 하고 있다는 것은 엄연한 팩트입니다.

감옥, 병원, 사막, 수용소 등 캄캄하고 절망적인 공간들이 오히려 지리적 상상력 특별 훈련소가 되는지도 모르겠습니다. 무히카, 넬슨 만델라, 김대중 전 대통령, 신영복 선생은 감옥파라 할 수 있겠고, 파울로 코엘료, 반 고흐, 쿠사마 야요이는 정신병원파라 할 수 있겠지요. 죽음 앞에서 가장 중요한 것을 생각해 낸 스티브 잡스, 손정의, 병원 입원 중에 패션 디자이너의 적성을 발견한 폴 스미스는 병원파라 할 수 있겠습니다.

세계 제2차 대전 중 나치의 유태인 강제 수용소에서 겪은 수치와 두려움, 절망과 고통의 체험을 '로고테라피'로 승화시킨 심리학자 빅터 프랭클에게 죽음의 수용소는 인간의 본성에 대한 통찰력을 얻고 삶의 의미를 깨달아 특별한 학문적 성취를 이루는 치열한 연구의 현장이 되었습니다. 정신의학자 엘리자베스 퀴블러 로스가 폴란드 마이데넥 유대인 수용소 벽에 새겨진 수백 마리의 나비 그림을 목격한 후 삶과 죽음에 대한 연구를 진지하게 시작하게 되었다는 일화 또한 널리 알려져 있습니다. 캄캄한 절망의 수용소에서 유태인 어린이들이 희망을 잃지 않기 위해 자갈과 손톱으로 벽에 수백 마리의 나비를 새긴 것이었습니다.

혹시 여러분이 처한 현실이, 사회가, 학교가 감옥같이 답답하고 캄캄하고 절망적인가요? 그렇다면 여러분은 지리적 상상력을 집중적으로 훈련하기에 유리한 곳에 있는지도 모릅니다.

암흑 속 촛불 같은 지리적 상상력

책을 쓰는 동안 많은 일이 있었습니다. 세월호 참사에서부터 메르스 사태에 이르기까지. 쓰면서 저 역시 방황을 많이 했고, 이런 내가 과연 다음 세대를 위한 책을 쓸 자격이 있나 고민도 되었습니다. 몸도 마음도 지치고 혼란스러워 중간에 포기하고 싶은 생각이 많이 들었습니다. 내가 아무리 열심히 책을 쓰면 뭐하나, 읽어 주는 사람이 없으면 소용이 없는 것 아닌가……. 마지막까지 갈등하며 캄캄한 절망 속에서 나 자신과 힘든 싸움을 벌여야 했습니다.

그럴 때면 죽음처럼 어둡고 답답한 고치 속에서도 포기하지 않고 치열하게 투쟁하여 세상에 나온 나비의 기적을 떠올렸습니다. 그리고 갑갑한 잠수복을 입은 것처럼 온몸이 마비된 상황에서도 절망하지 않고 왼쪽 눈꺼풀을 수십만 번 깜박거리며 《잠수종과 나비》를 써내려간 한 사람을 생각하며 간신히 여기까지 왔습니다.

패션잡지 《엘르》의 편집장으로 세상의 모든 것을 누리며 잘나가던 40대 프랑스인 남성 장 도미니크 보비는 어느 날 갑자기 뇌졸중으로 쓰러집니다. 깨어나 보니 신체 그 어느 부위도 자신의 의지대로 움직일 수 없고 오직 왼쪽 눈 하나만 깜박거릴 수 있는 로크인 증후군에 걸린 무력한 자신을 마주합니다. 하지만 그는 생의 마지막 순간까지 비틀즈의 〈페니 레인〉을 들으며 아름다웠던 지난날의 추억을 떠올렸고 자신은 곧 한 마리 나비가 되어 자유롭게 날 수 있을 것이라고 상상했습니다. 끝까지 삶을 포기하지 않고 한쪽 눈꺼풀로 세상과 소통하며 자신의 두 아이들에게 사랑을 표현하고 용기를 주는 글을 남겨 많은 사람들을 감동시켰습니다. 그에 비하면 아무리 마음이 힘들어도 노트북 자판을 직접 두드려 글을 쓸 수 있는 저는 아주 행운인 셈이지요.

지금까지 제가 이룬 작은 성취나 과거 성공의 경험에 미련을 두지 않으려 합니다. 모든 것을 겸허하게 내려놓고 저도 여러분처럼 제 인생을 처음부터 다시 설계하고 시작한다는 각오로 세계지도를 더 열심히 보고 제 운명을 개척하기 위한 새로운 여행을 계획하려 합니다. 비자 없이도 비행기 표만 있으면 당장 갈 수 있는 나라가 100개국이 넘는 나라에서 태어난 것을 고마워하면서 말이죠. 캄캄한 어둠이 깊어지면 곧 새벽이 올 것이라고 믿고 싶습니다.

여러분과 함께한 지리적 상상력 여행을 이제 마칠 시간이 다 되어 갑니다. 앞에서도 소개한, 전 세계 수많은 사람들의 사랑과 존경을 받는 프란치스코 교황님의 말씀에 기대어 부족한 책을 마무리할까 합니다.

"도전이 없는 삶이란 존재하지 않습니다. 소년이든 소녀든 그런 것을 감당하고 마주할 줄 모른다면 뼈대가 없는 소년, 소녀입니다 (2013년 산타마리아 대성당 연설)."

교황님은 힘들고 위험하더라도 반드시 밖으로 나가야만 한다고 강조합니다.

"자기한테서 나가면 무슨 일이 생깁니까? 집에서 나가 거리를 지나는 사람들 모두에게 생길 만한 똑같은 일들이 생길 수 있습니다. 사고가 납니다. 그렇지만 여러분에게 말씀드립니다. 나는 문을 꼭 닫고서 병들어 있는 교회보다 사고 나는 교회, 사고를 마주하는 교회를 천 배나 낫게 여깁니다. 밖으로 나가십시오! 나가십시오! 잊지 마십시오! 닫힌 교회라는 것은 없습니다. 밖으로 나가는 교회만 있습니다. 실존의 변두리로 가는 교회만 있습니다."

교회뿐 아니라 가정도 학교도 마찬가지일 것입니다. 교황님의 말씀처럼 설령 사고가 날 가능성이 있더라도 용기를 내어 실존의 변두리로 나아가 지리적 상상력으로 나의 아름다운 세계를 만들어 가야 하지 않을까요. 교황님은 참된 교육이란 '아이들을 밖으로 데리고 나가는 것'이라고 말씀하십니다.

"교육한다는 것은 직업이 아닙니다. 하나의 자세입니다. 존재하는 방식입니다. 교육을 하려면 밖으로 나갈(educare=e-ducere, 데리고 나가다) 필요가 있습니다. 자기한테서 나와 청소년 사이에 서야 합니다. 그들의 곁에 자리 잡고 그들이 성장하는 한 단계, 한 단계에 동행해야 합니다. 그들에게 희망을 선사하십시오! 그들의 여정에 낙관주의를 선물하십시오. 창조계와 인간의 아름다움과 선함을 가르치십시오. 인간은 창조주의 손도장을 늘 간직하고 있습니다. 무엇보다 여러분이 전수하는 바를 여러분의 삶으로 입증하는 증인이 되십시오(2013년, 예수회가 운영하는 학교 학생들을 위한 연설)."

저 역시 그동안 치열하게 살아오면서 받았던 오해와 아픈 상처들에 더 이상 연연하지 않고, 넘어진 그 자리에서 툭툭 털고 다시 일어나려 합니다. 세상 어딘가에 나의 꿈을 이룰 수 있는 곳, 소박하지만 진정한 행복을 누릴 수 있는 공간이 남아 있고, 특히 있는 그 대로의 나를 진심으로 사랑해 줄 수 있는 사람을 꼭 만날 수 있을 거라고 믿고 싶습니다. 여행을 마칠 즈음이면 저의 몸과 마음은 더 건강해지고, 무엇보다 여행을 떠나기 전과는 전혀 다른 눈을 가질 수 있을 것이라 기대해요.

자, 여러분도 이제 나의 꿈을 이루고 성공과 행복에 이르는 길을 찾는 특별한 여행을 시도해 보지 않겠어요? 지금 당장 떠나기 어렵다면, 지도를 가까이하면서 국내의 다양한 장소부터 경험하며 지리적 상상력을 길러 보세요. 최소한 내가 불행하지 않을 환경, 나아가 내가 쉽게 행복을 느끼는 공간을 찾는 연습을 미리미리 국내에서 해보는 거지요. 산과 바다, 농촌과 도시, 여성적 공간과 남성적 공간…… 어디든 열린 마음으로 찾아가 다양한 환경에서 체험활동을 해보면 내가 진정 자유롭고 행복한 장소에 대한 감수성을 기르고 꿈을 이루기에 유리한 지역에 대한 힌트를 계속 얻을 수 있겠지요.

아무리 현실이 고달프고 절망적이어도 늘 세계지도를 보면서 열심히 지리적 상상력을 기르다 보면 언젠가 기회가 꼭 올 거예요. 지구별 어딘가에서 우리 여행자로 다시 만나 서로 반갑게 길 위에서 인사를 나누는 날이 오기를 희망합니다.

《내 이름은 삐삐 롱스타킹》(아스트리드 린드그렌 지음, 햇살과나무꾼 옮김, 시공주니어 펴냄)

《어린 왕자》(생텍쥐페리 지음)

《노르웨이의 숲》(무라카미 하루키 지음)

《해리 포터》시리즈, 《캐주얼 베이컨시》(J. K. 롤링 지음, 문학수첩 펴냄)

《피터 래빗》시리즈(베아트릭스 포터 지음)

《작가들의 정원》(재키 베넷 지음, 김명신 옮김, 샘터 펴냄)

《창문 넘어 도망친 100세 노인》(요나스 요나손 지음, 임호경 옮김, 열린책들 펴냄)

《오베라는 남자》(프레드릭 배크만 지음, 최민우 옮김, 다산책방 펴냄)

《엄지소년 닐스》(아스트리드 린드그렌 지음, 김리합 옮김, 창작과비평사 펴냄)

《우연한 여행자》(생텍쥐페리 지음, 양혜윤 옮김, 세시 펴냄)

《바람 모래 그리고 별들》(생텍쥐페리 지음, 정진우 옮김, 세시 펴냄)

《소공녀》(프랜시스 호지슨 버넷 지음)

《나는 내일을 기다리지 않는다》(강수진 지음, 인플루엔셜 펴냄)

《한국과 그 이웃 나라들》(이사벨라 버드 비숍 지음, 이인화 옮김, 살림 펴냄)

《대한민국이 답하지 않거든, 세상이 답하게 하라》(김은미 지음, 위즈덤하우스 펴냄)

《우상의 추락》(미셸 옹프레 지음, 전혜영 옮김, 글항아리 펴냄)

《생각의 지도》(리처드 니스벳 지음, 최인철 옮김, 김영사 펴냄)

《죽음과 죽어감》(엘리자베스 퀴블러 로스 지음, 이진 옮김, 이레 펴냄)

《잠수종과 나비》(장 도미니크 보비 지음, 양영란 옮김, 동문선 펴냄)

《왜 지금 지리학인가》(하름 데 블레이 지음, 유나영 옮김, 사회평론 펴냄)

《악당은 아니지만 지구정복:350만 원 들고 떠난 141일간의 고군분투 여행기》(안시내 지음, 처음 북스 펴냄)

《광고천재 이제석:세계를 놀래킨 동네 간판쟁이의 필살 아이디어》(이제석 지음, 학고재 펴냄)

* * *

《세상에서 가장 가난한 대통령 무히카》

(미겔 앙헬 캄포도니코 지음, 송병선 · 김용호 옮김, 21세기북스 펴냄)

《오바마, 어머니의 길》(재니 스콧 지음, 박찬원 옮김, 은행나무 펴냄)

《미움 받을 용기》(고가 후미타케·기시미 이치로 지음, 전경아 옮김, 인플루엔셜 펴냄)

《버텨내는 용기》(기시미 이치로 지음, 박재현 옮김, 엑스오북스 펴냄)

《죽음의 수용소에서》(빅터 프랭클 지음, 이시형 옮김, 청아출판사 펴냄)

《이사벨라 버드:19세기 여성 여행가 세계를 향한 금지된 열정을 품다》

(이블린 케이 지음, 류제선 옮김, 바움 펴냄)

《손정의처럼 성공하라》(박민진 지음, 유페이퍼 펴냄)

《손정의의 선택》(소프트뱅크 아카데미아 특별강의, 김정환 옮김, 소프트뱅크 펴냄)

《손정의 미래를 말하다》(소프트뱅크 신 30년 비전 제작위원회, 정문주 옮김, 소프트뱅크커머스 코리아)

《운동화를 신은 마윈》(왕리펀 · 리샹 지음, 김태성 옮김, 36.5 펴냄)

《알리바바 마윈의 12가지 인생강의》(장옌 지음, 김신호 옮김, 매일경제신문사 펴냄)

《세계 슈퍼 리치》(최진주·문향란 지음, 어바웃어북 펴냄)

《그는 어떻게 아시아 최고의 부자가 되었을까》(왕평 지음, 황보경 옮김, 아인북스 펴냄)

《내 눈에는 희망만 보였다: 장애를 축복으로 만든 사람 강영우 박사 유고작》(강영우 지음, 두란노 펴냄)

《우리가 오르지 못할 산은 없다》(강영우 지음, 선우아정 옮김, 생명의말씀사 펴냄)

《해피 라이프: 나의 희망, 기쁨 그리고 사랑에 관한 이야기》(석은옥 지음, 문학동네 펴냄)

《나는 그대의 지팡이, 그대는 나의 등대》(석은옥 지음, 생명의 말씀사 펴냄)

《노르웨이 라면왕 미스터 리 이야기》(이철호 지음, 창작시대 펴냄)

《영적인 비즈니스》(아니타 로딕 지음, 이순주 옮김, 김영사 펴냄)

《오프라 윈프리 이야기》(주디 L. 해즈데이 지음, 권오열 옮김, 명진출판 펴냄)

《오프라 윈프리 최고의 삶을 말하다》(헬렌 S. 가르손 지음, 김지애 옮김, 이코니믹북스 펴냄)

《린드그렌: 삐삐 롱스타킹의 탄생》(카트린 하네만 지음, 윤혜정 옮김, 한겨레아이들 펴냄)

《마더 데레사의 아름다운 선물》(테레사 지음, 이해인 옮김, 샘터 펴냄)

《마더 데레사 나의 빛이 되어라》(테레사 지음, 허진 옮김, 오래된미래 펴냄)

《교황 프란치스코, 가슴속에서 우러나온 말들》(프란치스코 지음, 성염 옮김, 소담출판사 펴냄)

《교황 프란치스코》(프란치스코 지음, 이유숙 옮김, 알에이치코리아 펴냄)

《교황과 98시간: 프란치스코, 한국에 공감과 정의를 선물하다》(김근수·김용운 지음, 메디치미디어 펴냄)

《행동하는 교황 파파 프란치스코》(한상봉 지음, 다섯수레 펴냄)

《뒷담화만 하지 않아도 성인이 됩니다》(프란치스코 지음, 진슬기 옮김, 카톨릭출판사 펴냄)

《치열하게 그리고 우아하게: 운명의 지도를 뛰어넘은 영국 여자들》(김이재 지음, 위즈덤하우스 펴냄)

《펑키 동남아: 사랑과 행복의 상징 두리안을 찾아 떠나는 힐링 로드》(김이재 지음, 시공사 펴냄)

《베아트릭스 포터의 집》(수전 데니어 지음, 강수정 옮김, 갈라파고스 펴냄)

《그랜드투어》(설혜심 지음, 웅진지식하우스 펴냄)

《아름다운 도전》(조수미 지음, 창해 펴냄)

《플라스티키 바다를 구해줘》(데이비드 드 로스차일드 지음, 우진하 옮김, 북로드 펴냄)

《250년 금융재벌 로스차일드 가문》(프레더릭 모턴 지음, 이은종 옮김, 주영사 펴냄)

《슈퍼리치 패밀리: 로스차일드 250년 부의 비밀》

(요코하마 산시로 지음, 이용빈 옮김, 한국경제신문사 펴냄)

《나비에 사로잡히다》(샤먼 앱트 러셀 지음, 이창신 옮김, 북폴리오 펴냄)

《안젤리나 졸리의 아주 특별한 여행》(안젤리나 졸리 지음, 박유안 옮김, 바람구두 펴냄)

《안젤리나 졸리 세 가지 열정》(로나 머서 지음, 전은지 옮김, 글담출판사 펴냄)

《오드리 헵번 스토리》(알렉산더 워커 지음, 김봉준 옮김, 북북서 펴냄)

《나, 건축가 안도 다다오》(안도 다다오 지음, 이규원 옮김, 안그라픽스 펴냄)

《건축가들의 20대》(도쿄대학 안도 다다오 연구실 지음, 신미원 옮김, 눌와 펴냄)

《안도 다다오의 도시 방황》(안도 다다오 지음, 이기웅 옮김, 오픈하우스 펴냄)

《르 코르뷔지에》(이관석 지음, 살림 펴냄)

《(르 코르뷔지에의) 동방여행》(르 코르뷔지에 지음, 최정수 옮김, 안그라픽스 펴냄)

《작은 집》(르 코르뷔지에 지음, 이관석 옮김, 열화당 펴냄)

《르 코르뷔지에 언덕 위 수도원》(니콜라스 판 지음, 허유영 옮김, 컬처북스 펴냄)

《달리기를 말할 때 내가 하고 싶은 이야기》(무라카미 하루키 지음, 임홍빈 옮김, 문학사상 펴냄)

《이렇게 작지만 확실한 행복》(무라카미 하루키 지음, 김진욱 옮김, 문학사상 펴냄)

《위스키 성지여행》(무라카미 하루키 지음, 이윤정 옮김, 문학사상 펴냄)

《나는 여행기를 이렇게 쓴다》(무라카미 하루키 지음, 김진욱 옮김, 문학사상 펴냄)

《보다: 김영하의 인사이트 아웃사이트》(김영하 지음, 문학동네 펴냄)

《말하다: 김영하에게 듣는 삶, 문학, 글쓰기》(김영하 지음, 문학동네 펴냄)

《생텍쥐페리의 전설적인 사랑》(알랭 비르콩들레 지음, 이희적 옮김, 이미지박스 펴냄)

아우름 06

내가
행복한 곳으로 가라

1판 1쇄 발행 2015년 11월 21일
1판 11쇄 발행 2022년 10월 17일

지은이 김이재
펴낸이 김성구

콘텐츠본부 고혁 조은아 김초록 이은주 김지용
디자인 이영민
마케팅부 송영우 어찬 김하은
관리 박현주

표지 패턴 NOSTRESS 민유경

펴낸곳 (주)샘터사
등 록 2001년 10월 15일 제1-2923호
주 소 서울시 종로구 창경궁로35길 26 2층 (03076)
전 화 02-763-8965(콘텐츠본부) 02-763-8966(마케팅부)
팩 스 02-3672-1873 **이메일** book@isamtoh.com **홈페이지** www.isamtoh.com

© 김이재, 2015, Printed in Korea.
이 책은 경인교육대학교 연구교수 학술연구비에 의하여 연구된 결과입니다.

ISBN 978-89-464-2013-7 04300
ISBN 978-89-464-1885-1 04080(세트)

값은 뒤표지에 있습니다.
잘못 만들어진 책은 구입처에서 교환해 드립니다.